Diogenes Taschenbuch 24604

Bon Appétit

Zu Tisch bitten Doris Dörrie,
Sy Montgomery, Hugo Loetscher u. v. a.

Ausgewählt von
Shelagh Armit und Marie Hesse

Diogenes

Originalausgabe
Alle Rechte vorbehalten
Copyright © 2021
Diogenes Verlag AG Zürich
www.diogenes.ch
100/21/36/1
ISBN 978 3 257 24604 9

Inhalt

Das perfekte Dinner

Als ich einst gemächlich, aber nicht trödelnd von Vézelay nach Avallon spazierte (es waren nur etwa sechzehn Kilometer, aber ich brachte gut fünf Stunden auf den wenig befahrenen Straßen damit zu), diskutierte ich mit meinem Begleiter die Frage nach dem idealen Dinner, und zwar mit einer Intensität, wie sie für ein so langes Gespräch eher selten ist.

Alles sprach für eine angeregte Unterhaltung in aller Muße. Das Wetter war drückend, ein Apriltag von atemberaubender Klarheit. Nach vielen Regentagen dampfte und bebte die satte Erde; die Aufregung der Vögel in der Luft, der Hasen auf dem Boden und der Maulwürfe und Regenwürmer unter der Erde war nahezu greifbar. Ich war jung und gesund. Und mein Begleiter war nicht nur meine große Liebe, sondern auch ein Mann, der in einer Welt voller Menschen mit schwerfälligen Zungen ein charmanter Redner war, sodass wir neben unseren körperlichen Gefühlen, die wir miteinander teilten, immer miteinander sprechen konnten, egal worüber. Das genossen wir sehr.

Unsere unsinnigen Betrachtungen über »Das perfekte Dinner« waren herrlich, wie es nur in so einer Gemeinschaft sein kann. Auch wenn ich das meiste mittlerweile vergessen habe, so hallt das ruhig dahingleitende Gemurmel unserer Stimmen – mal nachdenklich, dann wieder spottend oder einfach nur albern – unauslöschbar in meinen Ohren nach. Es war eine Art Wettbewerb, und wir traten mit all unserer List gegeneinander an, weil jeder gewinnen wollte.

Wir kamen überein, dass für die gastronomische Perfektion der Zeitpunkt, der Ort und das Wetter, vor allem aber die Personen genauso wichtig waren wie das Essen selbst. Wir einigten uns darauf, dass sechs die ideale Anzahl an Personen sei, uns beide eingeschlossen.

Ich nannte Colette (das würde ich heute vielleicht nicht mehr tun, da sie mit ihrem Temperament, das sie im Alter an den Tag legte, vielleicht das Gespräch an sich reißen würde, was für ein Fest, wie ich es mir vorstellte, nicht gut wäre) und den Prince of Wales (der ein so unglaublich schöner Mensch war, dass auch Mrs. Simpsons gertenschlanker Schatten die Gedanken von Millionen Frauen nicht verdunkelt hatte, und der, so nahm ich an, aufgrund seiner großartigen sozialen Fähigkeiten einen guten Tischgefährten abgeben würde; amüsant, wenn nicht gar geistreich, charmant, wenn nicht gar übermäßig intelligent). Ich kann mich nicht mehr erinnern, wer meine beiden anderen Gäste gewesen waren, und auch nicht, wer die Gäste meines Geliebten waren.

Mein Dinner sollte in der abendlichen Kühle eines heißen Augusttages auf der großen Dachterrasse eines Hauses am Quai Voltaire in Paris stattfinden. Der erste Gang sollte noch bei Helligkeit serviert werden; mit Kerzen, die später angezündet werden sollten; die ganze Glasfront der Wohnung offen; mit Gazevorhängen in den Farben der Abenddämmerung, die sich in der von der Seine aufsteigenden Luft bewegen würden; und mit den rosafarbenen Lichtern der Tuilerien, die den Himmel färbten. (Das ist alles, was ich wollte!)

Das Essen habe ich vergessen, bis auf eine Kleinigkeit, auf der ich bestand, weil ich hundertprozentig davon überzeugt war, dass etwas plötzlich Unerwartetes und eine kleine Überraschung jedes gute Abendessen beleben würden: Ein Zwischengang bestand aus kleinen, ziemlich pfeffrigen *Enchiladas*, für die echte *Tortillas* und Hähnchenbrüste verwendet wurden, ganz offensichtlich eine verschwenderische Version dieser Delikatesse, die zufällig am Ende eines heißen, anstrengenden Tages auftauchte – oder so etwas in der Art.

Das ist alles, was mir von diesem langen, feierlichen und nachdenklichen Gespräch in Erinnerung geblieben ist – alles, was konkret ist. Colette ist zurückgetreten und ebenso der Prinz, ja sogar mein Begleiter. Über die Realität lässt sich einfacher nachdenken. Ich strebe zwar immer noch die Perfektion an, aber ich bin nicht unzufrieden, wenn ich sie nicht erlange, während ich auf der Straße nach Avallon noch jede Fantasterei ernsthaft in Erwägung zog.

Und ich bin nicht wie damals darauf angewiesen, dass das Wetter, der Ort und die Einrichtung perfekt aufeinander abgestimmt sein müssen; inzwischen bin ich bereit, ein paar Kompromisse zu machen.

Heute denke ich, dass die gastronomische Perfektion folgendermaßen erreicht werden kann: eine Person, die allein isst, meist auf einer Couch; zwei Personen, gleich welchen Geschlechts oder Alters, die in einem guten Restaurant essen; sechs Personen, gleich welchen Geschlechts oder Alters, die bei jemandem zu Hause essen.

Drei oder vier Personen können auch manchmal perfekt sein, in der Öffentlichkeit wie auch zu Hause. Aber sie müssen geistig einander ebenbürtig sein, anderenfalls ist das Gespräch – das gesprochene genauso wie das ungesprochene –, das einen wichtigen Kontrapunkt für die Harmonie beim Essen darstellt, langweilig und quälend. Sechs Personen regen sich normalerweise gegenseitig an und machen das Ganze beiläufiger, wenn nicht sogar weniger wichtig.

Auf keinen Fall sollte ein Liebespaar dabei sein, das die anderen langweilen würde. Andererseits sollten sie auch keine sexuellen oder beruflichen Kämpfe ausfechten; das würde nur Gift auf die Teller streuen, von denen alle essen müssen. Eine gute Kombination bestünde aus einem verheirateten Paar, das für angenehme Gelassenheit sorgt; aus einem noch nicht etablierten Paar, um dem Gespräch einen gewissen Ermittlungscharakter zu geben; und aus zwei Fremden beiderlei Geschlechts, an denen die miteinander besser bekannten Gäste ihre Fragetechniken verfeinern können.

Alle sechs sollten in ihrem Vokabular einander ebenbürtig sein – das heißt, sie sollten sich in einer oder mehreren allgemein verständlichen Sprachen unterhalten können und das Vokabular sollte weder zu einfach noch zu kompliziert sein.

Was die sozialen Hürden anbelangt, sie sollte es nicht geben. Falls aber zufällig ein sonst intelligenter und charmanter Gast, aufgrund von frühen Erfahrungen oder späteren äußeren Zwängen, das Essen in Gegenwart eines

Schlachters oder eines Kernphysikers nicht genießen kann, so sollten Letztere ein anderes Mal eingeladen werden oder umgekehrt: Es ist dumm, die Harmonie eines solchen Abends aus demokratischen, gastronomischen oder anderen Gründen zu gefährden.

Ein Abendessen für sechs mit Bedacht ausgewählte Menschen sollte nicht an einem öffentlichen Ort ausgerichtet werden: ein großer Tisch in einem Restaurant, sofern er nicht in einem *salon privé* steht, ist nicht nur schwierig zu bedienen, auch die Konversation ist schwierig. Wenn der Geräuschpegel der anderen Gäste laut genug ist, um das Gespräch der sechs Leute zu übertönen, dann ist es so laut, dass sich die Gespräche auf zwei Gesprächspartner reduzieren. Und wenn ein Thema so interessant ist, um sechs Personen in ein Gespräch zu verwickeln, so sind sie gezwungen zu schreien, was unattraktiv und letzten Endes unangenehm ist. Nein, für sechs Personen ist ein privates Esszimmer – egal wie prächtig oder einfach – der beste Ort.

Dort kann einfach und ruhig bedient werden, entweder von einem Bediensteten, vom Gastgeber oder von der Gastgeberin. Und dort, in der ruhigen Abgeschiedenheit, kann mühelos eine Vertrautheit entstehen, die in der Öffentlichkeit unmöglich ist. Man kann so viel Zeit mit einem Gang zubringen, wie es einem gefällt oder die Stimmung verlangt, ohne sich nach dem Rhythmus des Restaurantservices richten zu müssen. Außerdem – und das ist aufgrund der Interessengleichheit vielleicht das Wichtigste – kann man Gerichte essen, die man in Restaurants, und seien sie noch so groß, nicht bestellen kann, weil sie von den viel beschäftigten Profiköchen aus Gründen des Snobismus, der Wirtschaftlichkeit und ungetrübter Ignoranz abgelehnt werden.

Es ist meiner Meinung nach ratsam, Gerichte zu vermeiden, die zu ausgefallen oder zu stark gewürzt sind; einer der weniger vertrauten Gäste kann sich bei der bloßen Erwähnung von Schnecken *à la mode de Bourgogne* ekeln oder mit einem *Bombay-Curry* durch das Höllentor geschickt werden. Andererseits finde ich es schade, ein Roastbeef zu servieren, egal wie gut es auch sein mag, denn es ist beinahe zur Gewohnheit geworden. In neun von zehn Fällen wird es bestellt, wenn Leute zum Essen ins Restaurant gehen.

Wenn Beefsteak gegessen wird, sollte es in Form von *Tournedos Rossini* sein, die fast jeder Koch ordentlich zubereiten kann (wenn er es sich leisten kann) und die die Gäste in ihrer überraschend luxuriösen Variante zufriedenstellen wird.

Wenn Hähnchen, das vielleicht am zweithäufigsten bestellte Gericht in öffentlichen Gaststätten, aus welchen Gründen auch immer gewünscht werden, sollte es nicht wie in jedem Restaurant gebraten oder gegrillt werden: Es sollte Hähnchenfleisch bleiben, einfach und ehrlich, und auch noch so aussehen, um die Pingeligen nicht abzuschrecken. Gebratenes Hähnchenfleisch kann zum Beispiel mit Pilzen und Sahne serviert werden; gegrillt sollte es ein Dressing haben, das die Gäste noch nie probiert haben, mit *Kasha* und gehackten Klaffmuscheln.

Mit anderen Worten: das Gewöhnliche sollte ungewöhnlich gemacht werden und Außergewöhnliches sollte die

Hülle für Gewöhnliches sein. Seit meiner Entscheidung, Colette und dem Prince of Wales auf einer Pariser Dachterrasse *Enchiladas* aufzutischen, glaube ich immer noch fest an den Überraschungseffekt! Und ich habe genügend Beweise dafür, dass man engherzige Gewohnheiten gelegentlich sprengen sollte, nicht bis zu dem Punkt, an dem man Angst und Schrecken verbreitet, aber doch *ausreichend*.

Ein Gast beispielsweise, der sich rühmt, ein Fleisch-und-Kartoffel-Esser zu sein (ob das nun dumm ist oder nicht), sollte genau das bekommen. Aber das Fleisch sollte ein Stück vom Lamm sein, gespickt mit einer Knoblauchzehe und mit etwas Brandy abgelöscht, um die klebrige Fettigkeit zu verhindern. Das Lamm wird in einem fast lauwarmen Ofen so lange gegart, bis der Saft klar herausläuft. Das ist alles. Eine Kasserolle mit Erbsen und Pilzen würde wunderbar dazu passen. Und die Kartoffeln? Die könnten als nächster Gang folgen, eigenständig nobel, flockig püriert mit Sahne und Butter, dann mit Parmesan bestreut und für einen kurzen heißen Augenblick unter die Ofenflamme gestellt. Der Fleisch-und-Kartoffel-Esser würde seine gewohnte Kost bekommen, die aber doch anders wäre, die ihn verblüffen, aber gleichermaßen erfreuen würde, als ob der Koch die heilige Teresa an seiner Seite hätte, um sich einzugestehen, dass Gott gleichermaßen zwischen Töpfen und Pipkins wie auch zwischen Klöstern und Handelszentren wandelte.

Ein perfektes Essen für sechs gut ausgewählte Gäste, das diese in einem mit Kerzenlicht erleuchteten kleinen Zimmer verweilen lässt, beruht notgedrungen auf Hunderten von bereits genannten Aspekten wie Ort, Wetter, Stimmung und dergleichen. Hunger und eine mittelmäßige bis gute Gesundheit sind grundlegende Voraussetzungen, da niemand, der sich mit einem noch so kräftigen Nachmittagssnack zufrieden gibt oder durch ein Magengeschwür behindert ist, viel zum allgemeinen Wohlbefinden beiträgt. Gesetzt den Fall dann, dass es sechs Leute sind (zwei Schöne, ein Intelligenter, drei, die in verwandten Bereichen wie zum Beispiel Architektur, Musik und Fotografie zu Hause sind), ein kühler Herbstabend mit vielleicht genug Wind draußen, sodass das Speisezimmer noch mehr als sonst eine Oase zu sein scheint, ein guter Koch oder eine gute Köchin …

Ich bin dieses allmächtige Geschöpf, zumindest heute Abend. Schlauerweise habe ich Arbeiten, die in letzter Minute erfolgen müssen, auf ein Minimum reduziert, sodass es scheint, als sei ich an nichts interessiert außer an meinen Gästen. Bevor wir das Esszimmer betreten, trinken wir Martini oder Sherry und essen roten Kaviar aus einer großen Schale. Mit dem roten kann man momentan großzügiger sein als mit dem schwarzen oder dem grauen. Dazu in dünne Scheiben geschnittenes dunkles Brot, süße Butter und Zitronenscheiben.

Der Esszimmertisch ist in warmen Farben gedeckt, da schließlich Herbst ist: nur Rottöne, mit braunen Griffen versehene Messer, solide Teller und stabile Kelchgläser, rosa- und lilafarbene Weintrauben in der Mitte – eine tatsächlich sehr unverblümte Dekoration.

Zuerst trinken wir eine heiße doppelte Kraftbrühe – aus Muschel- und Kalbsfleischfond, um langsam zum Fleischgeschmack überzuleiten – mit einem Schuss trockenen

Martini, der die als Aperitif getrunkenen Martinis mit dem dann folgenden Wein verbinden soll.

Dies wird ein gesetzter, schwerer Burgunder sein, zu schwer für alles andere außer für Feierlichkeiten, in diesem Falle ein *Paul Masson Pinot Noir*, dessen dicke grüne Flaschen auf der Anrichte edel aussahen.

Als Nächstes kommt eine beinah mittelalterliche Platte mit Schinkenbraten, kunstvoll mit Backpflaumen angerichtet und in einer Sauce, die von Nichtkennern als süßsauer bezeichnet wird. Dazu gibt es Bandnudeln in Butter, die die schwere Tunke aufnehmen.

Der Wein fließt glücklich die Kehlen hinunter. Die sechs Personen unterhalten sich, räkeln sich mit neuer Behaglichkeit auf ihren Plätzen und fühlen unter der Haut ein neues Breughel-artiges Vergnügen.

Dann gibt es einen großen milden Blattsalat (»um den Magen zu reinigen«, wie Rabelais sagen würde), mit ein wenig Weinessig angemacht, sodass die starke Gerbung des Weines nicht angegriffen wird, und leicht geröstetes Sauerteigbrot, das auch zum nächsten Gang mit auserlesenen Käsesorten gereicht wird: Batterien von Gorgonzola, Camembert, der mehr zerfließt als aufrecht steht, makelloser *Gruyères*, *Cheddar* mit Biss und Doppelrahm, so wohltuend wie die Fingerspitzen eines Babys.

Der Wein wird besser, besonders mit der dritten Flasche. Die Kerzen beginnen zu flackern. Es gibt starken schwarzen Kaffee, und man sitzt sorglos bei den letzten Happen Käse und pickt den letzten Brotkrumen von der Tischdecke auf. In diesem Augenblick meines Lebens verspüre ich eine Leichtigkeit, sowohl sozial als auch privat, die ich mehr schätze als Rubine. Es ist zum Jammern, denn zu oft drücken heute die Leiden der Welt wie ein Krebsgeschwür auf unsere Herzen und hängen wie ein Schwert über unseren Betten. Wenn in der Alchemie der Gastfreundschaft eine solche Erleichterung, wie ich sie beschrieb, erreicht wird, so ist es zu unserem allgemeinen Besten. Und wenn bessere, weit gereiste Weine und seltenere Köstlichkeiten mein Menü ersetzen, das auf regionalen und meinen eigenen finanziellen Möglichkeiten basiert, so kann meiner Meinung nach nichts Besseres mehr kommen.

ROBERT WALSER

Dinerabend

O, in Gesellschaft zu gehen, das ist gar nicht so ohne. Man zieht sich so hübsch an, wie es einem die Verhältnisse, in denen man vegetiert, gestatten und begibt sich an Ort und Stelle. Der Diener öffnet die gastliche Pforte. Gastliche Pforte? Ein etwas feuilletonistischer Ausdruck, aber ich liebe es, mich im Stil kleiner Tagesware zu bewegen. Ich gebe mit so viel Manier, als ich kann, Hut und Mantel ab, streiche mein ohnehin glattes Haar vor dem Spiegel noch ein wenig glätter, trete ein, stürze mich dicht vor die Herrin des Hauses, möchte ihr die Hand gleich küssen, gebe indessen diesen Gedanken auf und begnüge mich damit, eine vollendete (?) Verbeugung vor ihr zu machen. Vollendet oder nicht, vom geselligen Zug hingerissen, entfalte ich jetzt eine Menge Schwung und übe mich in den Tönen und Sitten, die zu den Lichtern und Blumen am besten zu passen scheinen. »Zum Essen, Kinder«, ruft die Hausfrau aus. Schon will ich rennen, ich erinnere mich aber rasch, daß man so etwas nicht tun soll, und ich zwinge mich zu einer langsamen, ruhigen, stolzen, bescheidenen, gelassenen, geduldigen, lächelnden, flüsternden und schicklichen Gangart. Es geht vortrefflich. Entzückend sieht mir da wieder einmal die Tafel aus. Man setzt sich, mit und ohne Dame. Ich prüfe das Arrangement und nenne es im stillen ein schönes. Wäre noch schöner, wenn einer wie ich irgendwas an der Dekoration auszusetzen hätte. Gottlob, ich bin bescheiden, ich danke, indem ich jetzt zugreife, zugable und messere und löffle und esse. Wunderbar schmecken einem gesunden Menschen solch zartsinnig zubereitete Speisen, und das Besteck, wie es glänzt, die Gläser, wie sie beinahe duften, die Blumen, wie sie freundlich grüßen und lispeln. Und jetzt lispelt auch schon meinerseits eine ziemlich ungenierte Unterhaltung. Nimmt mich bald einmal selber wunder, wo und wie ich's hernehme, dieses Weltbetragen, derart Essen zum Mund führen, und dazwischen parlieren zu können. Wie doch die Gesichter pupurn anlaufen, je mehr Speisen und Weine dahergetragen werden. Schon könnte man satt sein, wenn man wollte, aber man will nicht, und zwar in erster Linie aus Schicklichkeitsgründen. Man hat weiter zu danken und weiter zu essen. Appetitlosigkeit ist eine Sünde an so reichbesetzten Tischen. Ich gieße immer mehr flüssige und leuchtende Laune in die allezeit, wie es scheint, durstige Kehle hinunter. Wie das anhumort. Jetzt schenkt der Diener auch noch aus dicken Flaschen schäumende Begeisterung ein, in Gläser, breitgeformte, in denen das holde Wasser wie in schönen Seebecken ruhen und glänzen kann. Und nun prosten alle, Damen und Herren, einander zu, ich mache es nach, ich geborener Nachahmer. Aber stützt sich denn nicht alles, was in der Gesellschaft taktvoll und lieblich ist, auf die fortlaufende Nachahmung? Nachahmer sind in der Regel glückliche Kerls, so ich. Ich bin in der Tat ganz glücklich, schicklich und unauffällig sein zu dürfen. Und jetzt erhebt sich der leichte Witz, die Zunge wird lose, das lachende Wort will jedesmal an die sorglose, süße Ungezogenheit streifen. Es lebe, es lebe! Wie dumm! Aber das Schöne und Reiche ist immer ein ganz klein wenig dumm. Es gibt Menschen, die plötzlich lachen müssen beim Küssen. Das Glück ist ein Kind, das »heute« wieder gottlob einmal nicht zur Schule zu gehen braucht. Immer wieder wird eingeschenkt, und das wie von unsichtbarer Geisterhand Eingegossene wird hinuntergeschüttet. Ich schütte geradezu unedel hinunter. Aber die silbernen Flügel hübschen Anstandes rauschen um mich und zwicken mich öfters mahnend an die Wangen. Hinwiederum verpflichten die Weine und die Schönheit der Frauen zu leisen, feinen Unverschämtheiten. Die Verzeihung dazu ist der Kirschkuchen, der jetzt galant serviert wird. O, ich freue mich über das alles, ich Proletarier, was ich bin. Mein Gesicht ist ein wahres, hochrotes Eßgesicht, aber essen Aristokraten etwa nicht auch? Es ist dumm, allzufein sein zu wollen. Die Eß- und Trinklust hat vielleicht einen ganz aparten feinen Ton des Umganges. Das Wohlbefinden bewegt sich möglicherweise noch am zartesten. Das sage ich so. Was? Auch noch Käse? Und noch Obst und jetzt noch einmal einen See voll Sekt? Und nun steht man auf, um vorsichtig nach Zigarren angeln zu gehen. Man spaziert durch die Räume. Welche Weltsicherheit. In reizenden kleinen Nischen setzt man sich ungezwungen und eng neben die Damen nieder. Alsdann, um es nicht ganz zu verlernen, schritthüpft man zu den Likörtischen, um sich in Wolken von Genüssen von neuem einzuhüllen. Der Herr des Hauses scheint fröhlich. Das genügt, um sich wie sonnenbeschienen vorzukommen. Lässig und witzig redet man zum weiblichen Geschlecht, wenn man kann. Immer zündet man sich neue Zigarettenstangen an. Das Vergnügen, einen neuen Menschen kennenzulernen, tippt einen an die Stirne, kurz, es ist ein beständiges, gutes, dummes, behagliches Lachen um einen herum. Nichts kann mehr aufregend sein. Gewöhnt an das Schwelgen, bewegt man sich mit einer behäbigen Sicherheit und mit dem Mindestmaß an Formen im Glanz und im Menschenkranz einher, daß man leise und glücklich staunen muß, es im Leben so weit gebracht zu haben. Spät sagt man gute Nacht, und dem Diener drückt man mit Gewicht sein in mancherlei Beziehung redlich verdientes Trinkgeld in die Hand.

Gefüllter Kabis

Draußen irgendwo ist Krieg. Das hört man aus dem Radio, wenn sich die gellende, knarrende Stimme überschlägt und das Heil-Gebrüll böser Männer einsetzt. Das sieht man auf der Brücke vorn, wenn der Landsturm seine Übungen abhält und schwere Betonblöcke auf die Fahrbahn schiebt, um eventuell auftauchende Panzer zu stoppen. Man merkt das auch am Gesicht des Vaters, wenn er die Nachrichten vom Landessender Beromünster hört, die ihn erschrecken. Am Abend, wenn es schon eindunkelt, heult die Sirene auf, die vorn auf dem Dach der Färberei steht. Sie steigert sich zum aggressiven Schrei, ebbt ab, sodaß man sie kaum mehr hört, nimmt neuen Anlauf und reisst die Stille auf, dass einem fast das Trommelfell platzt. Fliegeralarm. Bald wird man das dunkle Brummen der Bomber hören.

Die Mutter ruft uns Kinder in die Stube. Sie schließt die Fensterläden, mit ruhigen, traurigen Bewegungen. Sie zündet eine Kerze an und löscht das elektrische Licht. Wir sitzen um den Tisch, und Mutter fängt an, unser Lieblingsmärchen von den sieben Brüdern zu erzählen, die am Brunnen Taufwasser holen mussten für ihr neugeborenes Schwesterlein, die den Krug aber unterwegs vor lauter Pressieren ausschütteten, was ihren Vater so erzürnte, dass er sie zu Raben verfluchte.

Oben hört man jetzt das Brummen, von weit her, es nähert sich langsam, fast unmerklich. Über unser Hausdach fliegen indessen die sieben Raben in die Berge hinein zu den Zwergen. Das Brummen der Bomber ist direkt über uns, allerdings ohne uns zu gefährden, wie Mutter behauptet, denn nicht wir sind das Ziel, sondern andere Leute nördlich des Rheins. Da macht sich das Schwesterlein auf den Weg, um ihre Rabenbrüder zu suchen. Sie nimmt nichts mit sich als ein Ringlein von den Eltern zum Andenken, einen Laib Brot für den Hunger, ein Krüglein Wasser für den Durst und ein Stühlchen für die Müdigkeit. Sie findet den Glasberg, in dem die Herren Raben wohnen, und das Brummen am Himmel oben verzieht sich Richtung Jura.

Da das treue Schwesterlein das Hinkelbeinchen, das ihr der Morgenstern gab, verloren hat, schneidet sie sich den kleinen Finger ab, steckt ihn in das Türschloss, öffnet und erlöst so ihre verwunschenen Brüder. Jetzt heult die Sirene aufs Neue auf, diesmal ohne zu schwanken, das ist der Endalarm. Die Bomber sind weg. Mutter öffnet die Fensterläden, Nachtluft weht herein, kühl und friedlich.

Am andern Morgen rennen wir in den Garten hinaus, um die glitzernden Metallstreifen zu suchen, die manchmal aus den Rümpfen der Flugzeuge flattern. Damit, das wissen wir, wollen die Piloten den Radar verwirren, und damit können wir im Kindergarten groß angeben.

Diesmal haben wir kein Glück, der Wind hat die Silberstreifen wohl weggetragen. Wir suchen zwischen den Kartoffelstauden und Lauchstengeln, auf dem Kraut der Karotten und den blanken Kohlköpfen. Wir finden nur kleine, grüne Raupen, die wir mit den Fingern zerquetschen, weil es die Raupen des Kohlweißlings sind, der ein gemeiner Schädling ist. Die fingerlangen, grasgrünen, rotbetupften Raupen im Rüeblikraut hingegen lassen wir leben, denn aus ihnen wächst der schönste Sommervogel der Gegend, der gelb-schwarz gemusterte Segler, der Schwalbenschwanz.

Der ganze Garten ist voll Gemüse. Wir sind nahezu Selbstversorger. Wir essen Kartoffeln, Bohnen (grüne und gedörrte), Salat, Rüebli und Kohl, Äpfel und Zwetschgen (gedörrte und eingemachte), alles aus dem Garten, denn dafür braucht es keine Rationierungsmarken.

Was es braucht, ist Mist. Also tragen wir alle Abfälle (Plastik gibt es noch nicht) in die hinterste Ecke und warten, bis sie vermodert sind. Im November, wenn der Garten abgeräumt ist, schleppen wir den Kompost im Zuber auf die Beete und verteilen ihn sorgfältig.

Er wird mit dem Regen und Schmelzwasser in den Boden eindringen und ihn düngen, sodass wieder schlanke Karotten und kräftige Kabisstorzen herauswachsen können.

Kabis, die stolze Kugel meiner Jugend. Red keinen Kabis, schimpfte zwar Vater, wenn wir Blödsinn erzählten. Das ist Kabis, das hieß so viel wie: So ein Quatsch. Der Prophet gilt eben nichts im Vaterlande.

Das Wort Kabis kommt von *caputia*, und das kommt von caput, was so viel heißt wie Kopf, Haupt. Das Kabishaupt, die Kugel, die vollendete Form. Redet mehr Kabis, Leute, macht Kabis, esst Kabis.

Es gibt verschiedene Arten davon. Weißkohl, das ist der gewöhnliche, zu Unrecht verachtete. Rotkohl, der ist wunderschön gezeichnet, wenn man ihn aufschneidet. Wirsing, den nannten wir den gerippelten Kabis. Blumenkohl, das empfindsame Mädchen. Rosenkohl, das ist der abgehärteste, dem vermag selbst der härteste Frost nichts anzuhaben.

Wenn wir im Herbst den Garten abräumten, grub der Vater eine Grube, und wir legten das Wintergemüse hinein. Rüebli neben Rüebli, Sellerie neben Sellerie, Endivie neben Endivie, *caputia* neben *caputia*. Drauf kam eine dicke Schicht Laub. Dann ließen wir es schneien.

Es schneite halbmeterhoch, und am Morgen glänzte das Sonnenlicht wie Silber. Drei schwere Pferde zogen den Schneepflug an unserem Haus vorbei, am Wegrand türmte sich ein unüberwindlicher Walm. Wir gingen mit unseren Schlitten über die Brücke die Auffahrt hinauf zum Tenn, wir glitten bäuchlings hinunter. Zwischendurch schauten wir ins Tenn hinein, wo die elektrische Dreschmaschine rumorte. Die war schon eindrücklich, und die Männer, welche die Garben hineinschoben, trugen Gummimasken gegen den Staub.

Wenn Mutter eine Gemüsesuppe kochen wollte oder Kohl mit Kümmel und Speck, schickte sie mich in den Garten. Ich räumte den Schnee weg, schob das Laub zur Seite und sah vor mir die wohlverwahrten Vitaminkrieger liegen, unbeschadet von der Kälte, wartend auf gesundheitspendenden Einsatz.

Das habe ich immer gern gemacht, auch wenn mir der Kuhnagel in die Finger schlich, denn das hat mich mit meiner Familie verbunden, mit den Großvätern, den Urgroßvätern, die hatten das auch schon gemacht. Ich holte also einen Lauchstengel, eine Sellerieknolle, drei Karotten und einen Kabiskopf heraus, legte alles ins Löcherbecken und trug es in die Küche. Dort begann Mutter, das Gemüse zu rüsten, schabte mit dem Schälmesser die Rüebli blank, zog die äußerste Hülle vom Lauch, sodass der grünlich-weiße Schaft zum Vorschein kam, zerschnitt den Kohl und legte eine Hälfte für später zur Seite. Sie tat das mit ruhigen, langsamen Bewegungen, und sie fragte mich dabei, was ich einmal werden wolle. Naturforscher, sagte ich, ich will erforschen, warum der Kabis nicht erfriert.

Damals, es war kurz nach dem Krieg, begann die große Veränderung der Essgewohnheiten, die über Fenchel und Broccoli, von welcherlei komischem Gewächs hierzulande noch kein Mensch etwas gehört hatte, hinführte bis zu Kiwi und Mango.

Eines Tages wurden auf der anderen Seite des Baches die ersten Baustangen in die Wiese gesteckt. Nach einem Jahr standen dort drei Mehrfamilienhäuser, vierstöckig, acht Wohnungen unter demselben Dach. Gärten besaßen die Leute, die dort einzogen, keine, die aßen das Gemüse aus der Büchse. Nelly, die mit den abstehenden Kabisohren, behauptete, das sei ungesund, mit Büchsengemüse könne man nicht alt werden.

Ich habe damals den ersten Kaugummi gesehen. Er lag vor mir auf den Bsetzisteinen im Städtchen, eingepackt in grünes Stanniol, was ihm ein edles Aussehen gab. Er musste wohl jemandem aus der Hand gerutscht sein. Ich hob ihn auf und brachte ihn Fräulein Kunz, unserer Lehrerin. Sie hatte uns vor Kaugummi eindringlich gewarnt, das sei amerikanisches Teufelszeug und mache die Zähne kaputt.

Da ich ein braver Bub sein wollte, habe ich das geglaubt. Fräulein Kunz hat mich gelobt. Vermutlich hat sie den Kaugummi in den Mülleimer geworfen, oder sie hat sich ein Herz gefasst und selber ausprobiert, wie es ist, wenn man Gummi kaut.

Dann ist Nelly mit neuartigen Schuhen aufgetaucht. Die hatten Speckgummisohlen. Das waren Sohlen nicht aus Leder, in das Vater die Eisennägel hineinschlug, damit sie länger hielten. Sondern es waren Sohlen aus zwei Zentimeter dickem, knallgelbem Gummi, an der Unterseite grob gerippt. Damit könne sie schneller rennen als jeder Bub, behauptete sie, denn der Gummi federe und spicke sie bei jedem Schritt nach vorn. Wir haben es gleich ausprobiert und ein Wettrennen gemacht, ich sah nur noch ihren Rücken, die flatternden Zöpfe.

Onkel Emil, der eine kleine Garage aufgebaut hatte samt Zapfsäule, aus der er das Benzin heraushebelte wie aus einer Wasserpumpe, brachte uns zwölf Büchsen Thon. Das war zartes, hellrosa Fischfleisch, schön gefasert, schwimmend in Öl. Wir aßen, schmatzten, tunkten mit Brot die letzten Tropfen auf. Das gibt uns Kraft, hat Vater behauptet.

Die Sirene haben wir nie mehr gehört. Sie stand noch immer auf dem Färbereidach, bedrohlich und hässlich, und ich hab Fräulein Kunz gefragt, wie diese kleine Maschine denn ihren schrecklichen Ton herstelle. Sie hat geantwortet, das sei eine blöde Frage, denn Sirenen würden hinfort nicht mehr benötigt.

Unsere Essgewohnheiten aber blieben bestehen. Kartoffeln, Salat, Gemüse. Birnenschnitze, Zwetschgenmus. Die Hurde im Keller voll Äpfel, die Letzten waren die Bohnäpfel, die blieben bis ins Frühjahr frisch. Dann der erste Rhabarber, der rötlich aus der kalten Erde stiess.

Am Sonntag gab es das Sonntagsessen. Wir sassen in unseren Sonntagskleidern um den sonntäglich gedeckten Tisch und assen eines unserer Kaninchen auf, dem Vater das Fell über die Ohren gezogen hatte.

Wir löffelten Fleischsuppe und schielten nach dem Markbein, das auf Vaters Teller lag. Oder wir erhielten ein Stück vom gespickten Rindsbraten, aber nur an besonderen Festtagen.

Das festlichste Angebot aus Mutters Küche aber war und blieb der gefüllte Kabis. Er stand zwar offiziell nicht so hoch im Kurs wie Schweins- und Rindsbraten, da der Kohl aus unserem Garten stammte und das Hackfleisch billig zu haben war. Aber unter Mutters Händen, das haben wir Kinder gemerkt, wurde der Kabis zum Kunstwerk.

Sie hat als Erstes ein Kopftuch über ihr eigenes Haupt gelegt, damit kein Haar herunterfiel. Dann hat sie den Kohl entblättert, sorgfältig Blatt um Blatt abgetrennt und auseinandergelegt, bis nur noch das gelbliche Herz da war. Das hat sie beiseitegelegt für die Suppe.

Sie hat die Blätter gewaschen, damit weder Raupe noch Schnecke, noch Käfer, noch sonst ein gemeiner Schädling sich einschleichen konnte. Sie hat die dicken Storzen flachgeschnitten und die Blätter in Salzwasser kurz abgekocht. Dann hat sie eine Schüssel in der Größe des ursprünglichen Kabiskopfes mit den Blättern ausgekleidet, und zwar so, dass die großen, äußeren Blätter mit den Storzen den Schüsselrand überlappten.

Nun hat sie sich an die Fleischfüllung gemacht. Ein Pfund Gehacktes, vermischt mit Zwiebel und Peterli, mit einem in heißer Milch eingeweichten Stück Weißbrot. Salz und Muskat, Pfeffer hatten wir keinen, der galt als obszön. Dieses Gemisch hat sie mit einer Gabel zerdrückt und geknetet, als wäre sie ein spielendes Kind. Geredet hat sie nicht dabei, es galt die volle Konzentration.

Mit einem Löffel hat sie diesen Brei in die Mitte der wartenden Kabisblätter gelegt und geschaut, dass sich kein Blatt von der Stelle wegbewegt hat, die sie ihm zugedacht hatte. Die restlichen Blätter, die kleineren, hat sie darübergelegt und die Storzen darüber gedrückt. Diesen Kopf hat sie in eine Pfanne gestürzt, sodass alles an seiner Stelle blieb und festhielt, eine vollendete, wohlgeformte Kugel. Den Sud der Kohlblätter hat sie dazu gegossen und alles eine Stunde lang schmoren lassen.

So ist das auf den Tisch gekommen, herrlich duftend, saftig, kräftig, nicht nur für Nase und Gaumen eine Wonne, auch fürs Auge ein Glück. Ein Stück Schönheit mitten auf unserem Tisch. Sie war jedes Mal stolz auf ihr Werk, das haben wir alle gesehen, wir waren stolz auf sie.

Das Kunstwerk ist dann sehr schnell zerstört und einverleibt worden, Eat-art der klassischen, ländlichen Art. Mutter hat das Brotmesser angesetzt (es war unser schärfstes) und die Kugel von der Mitte aus in mehrere, sternförmig auslaufende Teile aufgeschnitten. Jedem von uns hat sie einen Schnitz auf den Teller gelegt und Sauce darüber gegossen. Als Beilage hat es immer Salzkartoffeln gegeben, die man mit der Gabel im Sud zerdrücken konnte. So haben wir uns die Sonnenkugel, die aus unserem Garten kam, den Vollmond, der über unser Dach hinging, einverleibt.

Seit rund vier Jahrzehnten wohne ich vorwiegend in Städten. Ich ernähre mich ohne Bedacht, ich esse, was mir am bequemsten erreichbar ist. Einen Gemüsegarten besitze ich nicht, Kohlweißlinge bevölkern höchstens noch meine Träume. Kochen halte ich längst nicht mehr für eine Frauenarbeit, ich kann es auch. Aber einen gefüllten Kabis habe ich noch nie gemacht. Es fehlt mir die Geduld dazu, es fehlt mir die Genauigkeit, die Hingabe.

Im Moment lebe ich in einem Quartier, in dem viele Leute aus der Türkei wohnen. Es gibt türkische Läden, und die bieten mächtige Kabisköpfe an.

Fünf Kilo schwer sind die wohl, mit fast weissen Blättern. Mächtige Häupter aus der türkischen Heimat, die in der Lage sind, eine ganze Sippe mit Großmutter und Onkel und alter, zahnloser Base und Kindern und Enkelinnen und Neffen zu ernähren.

Ich habe mich schon mehrmals ertappt, wenn ich daran vorbeiging, wie ich überlegt habe, einen solchen Kohlkopf zu kaufen und heimzutragen in Erwartung einer großen Familie. Nur, was soll ich damit in meiner Dreizimmerwohnung?

Die Chicorée-Salami

Hui, das riecht aber komisch!«, sagt die schöne Paketpostbotin, als sie mir das Päckchen überreicht.

Murmle: »Ich weiß« und gebe ihr das Nachporto. Ich kenne diesen Geruch und das Nachporto schon seit vielen Jahren.

Vor mehr als zwei Jahrzehnten war ich mit meiner damaligen Freundin bei ihren Eltern in Franken zu Gast. Zum Frühstück gab es eine eigenartige Wurst, die ich nicht essen wollte, die mir die Mutter der Freundin dann aber irgendwie auf meinen Wecken draufgeredet hat. Die Wurst schmeckte mir nicht besonders, eigentlich gar nicht, doch aus Höflichkeit sagte ich auf Nachfrage: »Ganz gut … eigentlich.« Das war, im Nachhinein gesehen, ein schwerer Fehler.

Die Mutter der Freundin interpretierte dieses »Ganz gut … eigentlich« offenbar als einen emotionalen Ausbruch des Entzückens und wandelte es für sich in die Gewissheit um: »Er liebt diese Wurst, ohne sie kann er praktisch überhaupt gar nicht mehr leben!« Seitdem schickt sie sie mir in regelmäßigen Abständen aus Franken zu. Und während sich die Tochter bereits vor fast zwanzig Jahren von mir getrennt hat, sind mir Mutter und Wurst bis heute erhalten geblieben.

Das ist nicht ungewöhnlich. Ich habe mich von mancher Frau oder, besser gesagt, manche Frau hat sich von mir im Laufe meines Lebens getrennt, aber die Mütter haben mir fast alle bis zum heutigen Tag die Treue gehalten. Ich bin so eine Art Lieblingsfreund für Mütter. Diese Freundin, Meike, bot seinerzeit sogar an, mir unsere gemeinsam angeschaffte Comicsammlung zu überlassen, wenn ich im Gegenzug bereit wäre, der Mutter gegenüber auf unbestimmte Zeit als amtierender Freund aufzutreten. Dadurch hielt Meike den nachfolgenden Freunden schön den Rücken frei, und die Mutter hatte jemanden, dem sie von Zeit zu Zeit Wurst schicken konnte. Erst als Meike schwanger wurde, erwies sich diese Konstruktion als zu kompliziert, und sie stellte ihren neuen Freund nun doch zu Hause vor.

Das hinderte Meikes Mutter aber nicht daran, mich weiterhin sehr zu mögen und, noch wichtiger, mir auch weiter Wurstpäckchen zu schicken.

Die Wurst ist übrigens eine Chicorée-Salami, eine regionale Spezialität, die es praktisch nur noch in der Metzgerei dieses Dorfs bei Kulmbach gibt. Das heißt, eigentlich gibt es die auch dort schon lange nicht mehr, da der Metzger sie normalerweise nicht mehr produziert. »Die schmeckt einfach keinem!«, soll er zur Begründung gesagt haben, als er sie aus dem Sortiment nahm. »Du bist der Einzige«, so hatte die Mutter mir nicht ohne Stolz berichtet, »der diese Chicorée-Salami über alle Maßen liebt. Weshalb ich ja auch den Metzger immer wieder überrede, ein paar dieser Würste speziell für dich anzufertigen.«

Daher kommen ungefähr alle halbe Jahre diese seltsam

riechenden Päckchen bei mir an. Stets zu knapp frankiert, weil die Mutter der fragwürdigen Logik anhängt, dass sich Postboten bei Päckchen, bei denen Nachporto fällig wird, mehr Mühe mit der Zustellung gäben. Da sie ja noch Geld zu bekommen hätten.

Mein Versuch, das Wurstpäckchen-Problem unauffällig elegant zu lösen, indem ich einfach die Nachzahlung verweigerte und damit das Päckchen retour gehen ließ, ist vor vielen Jahren recht spektakulär gescheitert.

Meikes Mutter hat damals direkt meine Eltern angerufen und ihnen mitgeteilt, ich sei vermutlich verstorben. Ihre Wurst sei nämlich zurückgekommen. Hat sich dann im Übrigen beschwert, dies von einer zurückgekommenen Wurst erfahren zu müssen, man hätte ihr auch ruhig mal eine Karte schicken können.

Nachdem mich daraufhin meine Eltern angerufen hatten und ich sie mit etwas Mühe davon überzeugen konnte, dass ich noch am Leben war, rief ich wiederum bei Meikes Mutter an, um zu fragen, warum sie bei meinen Eltern und nicht direkt bei mir angerufen habe.

Hierauf meinte sie, die Vorstellung, bei einem Toten anzurufen, habe sie einfach sehr gruselig gefunden, worauf ich einwandte, dass ich ja gar nicht tot sei, was sie aber nur bestärkte: »Ja eben, dass du trotz deines Todes noch lebst, macht die Sache ja noch mal gruseliger.«

Seit diesem Erlebnis zahle ich einfach das Nachporto und arrangiere mich eben mit der seltsam riechenden Chicorée-Salami.

Meine heutige Freundin meint, ich solle vielleicht einmal ein offenes Wort mit Meikes Mutter reden. Ihr die Wahrheit sagen: dass ich sie schon mag, aber die Wurst eigentlich gar nicht. Doch das wäre schon rein mathematisch nicht sinnvoll. Ich würde quasi zugeben, sie zwanzig Jahre angelogen zu haben, bekäme also für einen Moment der Wahrheit ungefähr zwanzig Jahre Lüge raus. Das rechnet sich doch nicht. Auch die Mutter hätte nichts von der Wahrheit, im Gegenteil, ich würde ihr nur die Erinnerung an zwanzig gute Jahre mit guter Wurst versauen.

Also warte ich geduldig, bis meine Tochter irgendwann einen höflichen, schüchternen jungen Freund hat, dem ich dann ein paar Scheiben von dieser Chicorée-Salami aufs Brot quatschen kann. Und sobald er etwas sagt wie: »Ganz gut … eigentlich«, ist er dran.

Nachtrag: Kürzlich fragte mich eine Leserin, ob alle meine Geschichten eigentlich so richtig wahr wären. Also, ob die genau so passiert seien oder ob ich mir nicht doch vieles einfach ausgedacht hätte. Beziehungsweise, da es ja vermutlich eine Mischung wäre, wie groß denn so durchschnittlich der Anteil von Wahrheit und der Anteil von Fiktion in meinen Geschichten jeweils sei. Da ich das recht häufig gefragt werde, möchte ich hier einmal die Gelegenheit nutzen und ein für alle Mal erklären: Alle meine Geschichten sind komplett wahr, zu einhundert Prozent, Wort für Wort.

Aber, diese Einschränkung gestehe ich zu, sie sind nicht ganz genau so passiert. Leider. Oder auch Gott sei Dank.

Das Problem ist, bei allem, mit dem man so den Tag über konfrontiert wird, erlebt man doch nur selten wirkliche Wahrheit. Meistens, das kennt jeder, passiert nur Zeug. Eigenartiger, skurriler, oft nerviger Kram. Überflüssiges, tagesaktuelles, bedeutungssimulierendes Realitätsgehupe. Die Wahrheit muss man sich da schon selbst dazudenken. Oder kurz gesagt: Wer Wahrheit sucht, wird in der Wirklichkeit selten fündig.

Dennoch fußen aber fast alle meine Geschichten auf tatsächlichen Erlebnissen – die dann noch von mir ein wenig mit Wahrheit ausgeschmückt werden. Der Anteil von Realität und Wahrheit variiert natürlich von Geschichte zu Geschichte. Aber um einen ungefähren Eindruck des üblichen Verhältnisses zu vermitteln, schildere ich jetzt mal das reine Erlebnis, welches zur »Chicorée-Salami-Geschichte« geführt hat, exakt so, wie es tatsächlich passiert ist. Die Realität ohne beschönigende Wahrheit:

»Hmm, das riecht aber gut!«, sagt die schöne Paketpostbotin, als sie mir das Päckchen überreicht. Also genau genommen sagt sie nicht »Hmm«, sondern eher »Hä«, und auch nicht »Das riecht aber gut!«, sondern »Das riecht aber!«. Und es ist auch nicht die schöne Paketpostbotin, sondern ein offenkundig angetrunkener, unrasierter Expresspaketzusteller, der von seinem skrupellosen Arbeitgeber auf skandalöse Weise ausgebeutet wird, sich dafür aber bei ihm rächt, indem er abends Dinge isst, die dafür sorgen, dass sich ihm versehentlich zu nahe gekommene Kunden verzweifelt fragen, was dieser Mensch nur gegessen haben kann, dass seinem Atem noch am nächsten Tag eine derart furchteinflößende, betäubende Kraft innewohnt, die dem Inhalt des Pakets nun wirklich in nichts nachsteht. Zudem ist er selbst für einen Expresszusteller eher leger gekleidet. Ob sein Hemd nun eine Art Uniform, ein Pyjamaoberteil oder auch beides ist, bleibt unklar, ist aber für den reinen Akt der Paketzustellung natürlich irrelevant.

Nachdem er mir also mit den Worten »Hä, das riecht aber!« das Paket übergeben hat, teilt mir der Expresszusteller weiter mit, er sei übrigens der neue Mieter der Gewerberäume im Souterrain, habe heute Morgen für mich dieses Paket angenommen, von der schönen Paketpostbotin, aber weil das ja so rieche, jetzt noch mal geklingelt und sich, da ich durch die Gegensprechanlage geantwortet hätte, entschlossen, es mir einfach hochzubringen.

Nuschle freundlich: »Das dachte ich mir schon, dass Sie der neue Mieter der Gewerberäume unten sind.«

Er fragt, ob ich wisse, was in dem Paket da so stinke.

Ich sage: »Ja, ich weiß, was in dem Paket da so stinkt.«

Er wartet.

Ich warte auch. Denke, unglaublich, womit man so alles seine kostbare Lebenszeit verbringt. Frage ihn, was für ein Gewerbe er denn im Souterrain eigentlich ausüben wolle.

»Na, ein Dschuhs-Hostel.«

»Ein was?«

»Ein Dschuhs-Hostel, eine Unterkunft für jugendliche Berlinbesucher aus aller Welt, Dschuhs-Hostel! Noch nie gehört?«

»Doch, doch, aber so, wie Sie es jetzt ausgesprochen haben, hatte ich für einen Moment gehofft, Sie meinen tatsächlich ein Juice-Hostel, also so was wie eine Saft-Herberge, quasi eine Art Getränkelager. Eben junge Getränke aus aller Welt, die Berlin besuchen.«

Er schaut beleidigt, wie eine nicht gegessene Salatbeilage auf dem Steakteller. »Nee, ich mein aber ein Dschuhs-Hostel.«

»Hm, soweit ich den Laden da unten kenne, hat der höchstens zweihundert Quadratmeter. Ist das nicht ein bisschen klein für ein Youth-Hostel?«

»Ach, wenn man die beiden Kellerräume noch dazunimmt, sind das schon fast zweihundertfünfzig, und wenn man die Kosten gering hält, kann man auch mit nur zweiunddreißig Betten ein durchaus profitables Dschuhs-Hostel führen. Meine Devise ist: Klein, aber fein. Ich setze da mehr auf so einen familiären Charme.«

Überlege, ob familiärer Charme bedeutet, dass es schon vorher verwandtschaftliche Verhältnisse gibt, also bevor zweiunddreißig Personen auf maximal zweihundertfünfzig Quadratmetern gemeinsam wohnen, oder erst danach. Doch das ist vielleicht auch Privatsache. Frage ihn, ob er sich schon etwas fürs Frühstück in seinem Kellerhostel überlegt hat. Zufällig hätte ich nämlich Zugriff auf eine sehr exklusive fränkische Wurstspezialität.

»Klingt interessant«, antwortet der zukünftige Herbergsvater. »Wie schmeckt die denn so?«

»Genau so, wie sie riecht!«, sage ich und zeige aufs Päckchen. »Ich hab das Gefühl, das könnte genau Ihr Geschmack sein.«

Und so war es dann auch.

W. SOMERSET MAUGHAM

Der Lunch

Ich entdeckte sie während der Vorstellung, und da sie mir zuwinkte, ging ich in der Pause hinüber und setzte mich neben sie. Es war lange her, daß ich sie zuletzt gesehen hatte, und hätte nicht jemand ihren Namen erwähnt, so glaube ich kaum, daß ich sie erkannt hätte. Lebhaft sprach sie mich an.

»Ja – das ist viele Jahre her, daß wir uns kennengelernt haben. Wie doch die Zeit vergeht! Jünger werden wir alle nicht. Wissen Sie noch, als ich Sie zum erstenmal sah? Sie haben mich zum Lunch eingeladen.«

Und ob ich das noch wußte!

Es war vor zwanzig Jahren, und ich lebte in Paris. Ich hatte im Quartier Latin ein winziges Appartement, von wo man auf einen Friedhof hinaussah, und ich verdiente kaum genug Geld, um Leib und Seele zusammenzuhalten. Sie hatte ein Buch von mir gelesen und mir darüber geschrieben. Ich antwortete und dankte ihr, und sogleich bekam ich einen weiteren Brief von ihr, der ankündigte, daß sie in Paris auf der Durchreise sei und sich gern mit mir unterhalten wollte; sie habe aber wenig Zeit, und nur am kommenden Donnerstag sei sie ein Weilchen frei; den Vormittag über sei sie im Jardin du Luxembourg, und ob ich ihr anschließend einen kleinen Imbiss bei Foyot spendieren wolle? Foyot ist ein Restaurant, wo die französischen Senatoren speisen, und ich konnte es mir so wenig leisten, daß es mir noch nicht einmal im Traum eingefallen wäre, dorthin zu gehen. Aber ich fühlte mich geschmeichelt, und ich war zu jung, um schon gelernt zu haben, daß man einer Frau etwas abschlagen kann. (Wenige Männer, darf ich hinzufügen, lernen das rechtzeitig, bis sie zu alt sind, als daß ihre Antwort noch irgendeine Bedeutung für die Frau hätte.) Ich hatte achtzig Francs (Goldfranken), die mir bis zum Ende des Monats reichen mußten, und ein bescheidener Lunch konnte nicht mehr als fünfzehn kosten. Wenn ich die nächsten beiden Wochen auf den Kaffee verzichtete, würde ich ganz gut auskommen.

Ich antwortete, daß ich meine Brieffreundin am Donnerstag um halb eins bei Foyot erwarten werde. Sie war nicht so jung, wie ich gedacht hatte, und eher eine imposante als eine anziehende Erscheinung. Sie war nämlich eine Frau von vierzig Jahren (ein bezauberndes Alter, das jedoch kaum eine plötzliche, verheerende Liebe auf den ersten Blick erweckt), und ich hatte den Eindruck, daß sie mehr Zähne – weiße, große, regelmäßige Zähne – besaß als für irgendeinen praktischen Zweck nötig. Sie war etwas geschwätzig, aber da sie über mich zu sprechen geneigt schien, war ich willens, ein aufmerksamer Zuhörer zu sein.

Ich erschrak, als die Speisekarte gebracht wurde, denn die Preise waren bei weitem höher, als ich angenommen hatte. Aber sie beruhigte mich.

»Ich esse mittags nie etwas«, sagte sie.

»Oh, sagen Sie doch das nicht!« antwortete ich großzügig.

»Ich esse nie mehr als nur ein Gericht. Ich finde, die Leute essen heutzutage viel zuviel. Ein bißchen Fisch vielleicht. Ob sie wohl Lachs haben?«

Nun war es früh im Jahr für Lachs, und auf der Speisekarte stand er nicht, aber ich fragte den Kellner, ob sie welchen hätten. Ja, ein wunderbarer Lachs sei gerade eingetroffen, der erste, den sie hereinbekommen hätten. Ich bestellte ihn für meinen Gast. Der Kellner fragte sie, ob sie etwas zu sich nehmen wolle, während der Lachs zubereitet wurde.

»Nein«, antwortete sie, »ich esse nie mehr als ein Gericht. Wenn Sie nicht ein wenig Kaviar haben. Gegen Kaviar habe ich nie etwas.«

Mir wurde etwas mulmig. Ich wußte, daß ich mir Kaviar nicht leisten konnte, aber ich konnte es ihr nicht gut sagen. Ich trug dem Kellner auf, selbstverständlich Kaviar zu bringen. Für mich selbst wählte ich das billigste Gericht aus der Karte, und das war ein Hammelkotelett.

»Ich finde es unklug von Ihnen, Fleisch zu essen«, sagte sie. »Wie wollen Sie denn arbeiten, nachdem Sie so schwere Sachen wie Koteletts gegessen haben? Ich halte nichts davon, mir den Magen zu überladen.«

Dann kam die Getränkefrage.

»Ich trinke zu Mittag nie etwas«, sagte sie.

»Ich auch nicht«, antwortete ich prompt.

»Außer Weißwein«, fuhr sie fort, als ob ich nichts gesagt hätte. »Diese französischen Weißweine sind so leicht. Sie sind vorzüglich für die Verdauung.«

»Was möchten Sie?« fragte ich, immer noch gastfreundlich, aber nicht in übertriebenem Maße.

Mit ihren weißen Zähnen blitzte sie mich fröhlich und freundschaftlich an.

»Mein Arzt erlaubt mir nichts als Champagner.«

Ich glaube, ich wurde etwas blaß. Ich bestellte eine halbe Flasche. Beiläufig bemerkte ich, daß mein Arzt mir Champagner strikt verboten habe.

»Was werden Sie denn trinken?«

»Wasser.«

Sie aß den Kaviar, und sie aß den Lachs. Sie plauderte vergnügt über Kunst und Literatur und Musik. Aber ich überlegte, wie hoch die Rechnung sein würde. Als mein Hammelrippchen kam, machte sie mir recht ernste Vorhaltungen.

»Ich sehe, Sie sind gewöhnt, einen schweren Lunch zu essen. Ich bin überzeugt, daß das verkehrt ist. Warum folgen Sie nicht meinem Beispiel und essen nur ein Gericht? Sie würden sich sicherlich dabei viel wohler fühlen.«

»Aber ich esse nicht mehr als ein Gericht«, sagte ich, als der Kellner wieder mit der Karte kam.

Sie winkte ihm mit leichter Geste ab.

»Nein, nein, ich esse nie was zum Lunch. Nur einen Happen, mehr will ich nie, und den esse ich mehr zur Gesellschaft als aus sonst einem Grunde. Ich könnte unmöglich noch etwas essen – es sei denn, sie hätten ein paar von diesen Riesenspargeln. Es täte mir leid, Paris zu verlassen, ohne ein paar davon gegessen zu haben.«

Mir fiel das Herz in die Hose. Ich hatte sie in den Läden gesehen und wußte, daß sie furchtbar teuer waren. Oft war mir bei ihrem Anblick das Wasser im Munde zusammengelaufen.

»Madame möchte wissen, ob Sie diese Riesenspargel haben«, fragte ich den Kellner.

Mit ganzer Willenskraft versuchte ich, ihm zu suggerieren, daß er nein sagte. Ein glückliches Lächeln zerfloß auf seinem breiten, priesterlichen Gesicht, und er versicherte mir, sie hätten welche, so riesengroß, so herrlich, so zart, daß es ein wahres Wunder sei.

»Ich bin überhaupt nicht hungrig«, seufzte mein Gast, »aber wenn Sie darauf bestehen, dann meinetwegen ein paar Spargel.«

Ich bestellte sie.

»Essen Sie keine?«

»Nein, ich esse nie Spargel.«

»Ich weiß, es gibt Leute, die sie nicht mögen. Es liegt daran, daß Sie sich den Gaumen ruinieren mit all dem Fleisch, das Sie essen.«

Wir warteten, während der Spargel zubereitet wurde. Panik ergriff mich. Jetzt war es nicht mehr die Frage, wieviel Geld mir für den Rest des Monats übrigblieb, sondern ob ich genug hatte, um die Rechnung zu bezahlen. Es würde eine fürchterliche Blamage sein, wenn sich herausstellte, daß ich zehn Francs zu wenig hatte und meinen Gast anpumpen mußte. Das konnte ich nicht über mich bringen. Ich wußte genau, wieviel ich hatte, und wenn die Rechnung höher war, so war ich entschlossen, die Hand in die Tasche zu stecken, mit einem dramatischen Aufschrei hochzufahren und zu behaupten, ein Taschendieb habe mein Geld gestohlen. Natürlich wäre es dumm, wenn auch sie nicht genug hätte, die Rechnung zu bezahlen. Dann gäbe es nur die eine Möglichkeit, meine Uhr dazulassen und zu sagen, daß ich später wiederkommen und zahlen würde.

Der Spargel kam. Es waren riesige, saftige und verlockende Stangen. Der Duft der geschmolzenen Butter kitzelte meine Nasenlöcher, wie das Brandopfer der frommen Semiten die Nasenlöcher Jehovas kitzelte. Ich sah zu, wie das liederliche Weib sie in großen, gierigen Bissen die Kehle hinunterschlang, und auf meine höfliche Art plauderte ich über die Entwicklungsstufe des Dramas bei den Balkanvölkern. Endlich war sie fertig.

»Kaffee?« fragte ich.

»Ja, nur ein Eis und Kaffee«, antwortete sie.

Jetzt war mir schon alles egal, also bestellte ich Kaffee für mich und ein Eis und Kaffee für sie.

»Wissen Sie, an eine Regel halte ich mich eisern«, sagte sie, während sie das Eis aß. »Man sollte immer von einer Mahlzeit aufstehen, wenn man spürt, daß man noch ein bißchen mehr essen könnte.«

»Sind Sie noch hungrig?« fragte ich schwach.

»O nein, ich bin nicht hungrig; sehen Sie, ich esse nie zu Mittag. Morgens eine Tasse Kaffee und dann abends Dinner, aber zum Lunch esse ich nie mehr als ein Gericht. Ich sprach von Ihnen.«

»Ah, ich verstehe!«

Dann passierte etwas Schreckliches. Während wir auf den Kaffee warteten, kam der Oberkellner mit einem einladenden Lächeln auf seinem scheinheiligen Gesicht zu uns heran und trug einen großen Korb voll ungeheurer Pfirsiche. Sie waren so rosig wie ein unschuldiges Mädchen; sie hatten den warmen Farbton einer italienischen Landschaft. Aber sicherlich war es doch für Pfirsiche noch nicht die Jahreszeit? Der Himmel wußte, was sie kosteten. Ich wußte es auch – nur etwas später, denn mein Gast nahm mitten im Weiterplaudern zerstreut einen aus dem Korb.

»Sehen Sie, Sie haben sich den Magen mit einem Haufen Fleisch überladen« – mein eines, elendes, kleines Kotelett! – »und können nichts mehr essen. Aber ich habe nur eine Kleinigkeit gegessen und lasse mir einen Pfirsich schmecken.«

Die Rechnung kam, und als ich bezahlte, stellte ich fest, daß ich nur für ein ganz unzureichendes Trinkgeld noch genug hatte. Sie warf einen Blick auf die drei Francs, die ich für den Kellner hingelegt hatte, und ich wußte, daß sie mich für geizig hielt. Aber als ich das Restaurant verließ, hatte ich den ganzen Monat vor mir und nicht einen Sou in der Tasche.

»Folgen Sie meinem Beispiel«, sagte sie, als wir uns die Hand gaben, »und essen Sie nie mehr als nur ein Gericht zum Lunch.«

»Ich werde es übertreffen«, gab ich zurück. »Ich werde heute abend nicht dinieren.«

»Humorist!« rief sie fröhlich und hopste in ein Taxi. »Sie sind ein echter Humorist!«

Aber nun hatte ich endlich meine Rache. Ich glaube nicht, daß ich ein rachsüchtiger Mensch bin, aber wenn die unsterblichen Götter selbst sich einmischen, so ist es verzeihlich, wenn man sich mit Behagen das Resultat ansieht. Heute wiegt sie hundertdreißig Kilo.

ORYOKI

Im Lockdown verschwimmen immer mehr die Grenzen. So wie es keinen Unterschied mehr macht, ob ich den ganzen Tag im Pyjama verbringe, wird es auch egal, wann, wo und wie ich esse. Im Bett, vorm Fernseher, auf den Teppich gefläzt, da der Esstisch als Büro herhalten muss. Immer wieder den Esstisch freizuräumen, klare Essenszeiten und Tischmanieren von mir selbst einzufordern, kostet oft zu viel Kraft. Ich franse an den Rändern aus, kann nicht mehr separieren, werde zur Amöbe, die ständig isst, das Essen wird immer mehr zu einer beiläufigen Tätigkeit.

Fast sehnsüchtig erinnere ich mich in meinem häuslichen Chaos an Oryoki, die traditionelle, streng reglementierte Art, wie in einem Zen-Kloster gegessen wird. Davor habe ich mich immer gefürchtet. Bei meinem ersten Aufenthalt in einem japanischen Zen-Kloster bekam ich bei jedem Essen Herzklopfen vor Angst, da jede Bewegung festgelegt ist und haarklein befolgt werden muss, um in Takt und Gleichklang mit den anderen zu bleiben. Nur so fällt man nicht auf. Die Bewegungen der Geübten schnurren ab wie in einem choreografierten Ballett, was, wenn es alle können, viel Grazie und Schönheit hat, aber umso deutlicher denjenigen als ungelenken Trottel herausstellt, der es nicht beherrscht. Mich erinnert es auf fatale Weise an meine kurze Zeit als Geigenschülerin in einem Orchester, wo ich oft als Einzige mit meinem Geigenbogen nach oben strich, wenn alle anderen nach unten strichen, und jeder mir bei meinem Fehler zuschauen konnte. Er ließ sich nicht verheimlichen oder vertuschen, denn einmal in die falsche Richtung gestrichen, kann man sie nicht mehr ändern, ohne den Ton zu unterbrechen. Die Dirigentin, eine gefürchtet strenge Musiklehrerin, sah mir jedes Mal hämisch dabei zu, wie sich mein Bogen als einziger in die Höhe schraubte. Beim Oryoki habe ich nun Angst, dass alle Mönche mir ähnlich schadenfroh beim Essen zuschauen werden. Ich bekomme mein Essgeschirr ausgehändigt, das aus einer großen Lackschale besteht, der *buddha bowl*, und zwei kleineren Schalen, einem Paar Stäbchen, einem Holzlöffel, einer Art Spatel, einer Serviette und einem großes Tuch, in das alles eingepackt und mit einem bestimmten Knoten zugebunden wird, der an eine Lotusblüte erinnern soll, und den ich nie beherrschen lerne. Das liegt auch daran, dass ein japanischer Knoten grundsätzlich anders herum geknotet wird, und mein gelernter Knoten anscheinend so tief in meinem Hirn verankert ist, dass ich einfach nicht umlernen kann. Vor allem nicht in der geforderten Geschwindigkeit, denn jedes Essen dauert immer nur knapp zehn blitzartig verstreichende Minuten, als bestiege man einen Shikansen, einen japanischen Schnellzug, der bis zum Zielort kein einziges Mal anhält. Als ich irgendwann verzweifelt den uralten Abt frage, ob es nicht auch langsamer ginge, warum denn immer so entsetzlich schnell gegessen werden muss?, antwortet er: Weil uns die Knie wehtun. Das erschüttert mich, denn ich hatte fest angenommen, dass meine quälenden Knieschmerzen vom Sitzen auf den Fersen durch beständige Übung irgendwann aufhören würden. Aber Zen, das ist eine der vielen ernüchternden Einsichten, wird niemals »leichter«. Nur anders.

Oryoki bedeutet: »so viel, dass es gerade genug ist«. Diese Frage ist bereits eine Gemeinheit, denn wie viel ist denn gerade genug? Und wann ist es genug? Bin ich noch sehr hungrig? Ein wenig hungrig? Nicht mehr hungrig? Und was geschieht, wenn ich genug habe, aber nicht aufessen kann? Es gibt eine bestimmte Geste, bei der man die geöffnete Hand mehrmals ein wenig nach oben anhebt, die bedeutet, dass man genug hat, die aber genauso missverständlich und für mein Gefühl verkehrt herum ist wie der Knoten. Wenn man die Hand umdreht, bedeutet es nämlich: Nachschlag bitte! Und dann ist man gezwungen, diesen in Windeseile aufzuessen, denn niemals darf etwas übrig bleiben und weggeworfen werden. Anfangs drohe ich fast an meinem Nachschlag zu ersticken, denn die Bewegungen der anderen laufen ja weiter, und es wird keine Sekunde lang auf den gierigen Nachzügler gewartet. Deutlich sehe ich, wie die jungen Mönche sich mühsam das Grinsen über mich verkneifen.

Warum bin ich so gierig? Warum habe ich immer Angst, nicht genug zu bekommen? Oryoki bedeutet gar nicht so sehr eine bestimmte Art des Essens und der Tischmanieren, sondern es soll die Art zu denken und zu sein trainieren und einem gleichzeitig vor Augen führen, wie man sich in dieser Welt aufführt. Ich bin also gierig, ungeschickt, ungeduldig, ungenau, und sofort voller Widerwillen, wenn ich mich Regeln fügen soll. Treffender hätte mich meine eigene

Mutter nicht charakterisieren können. Weil es den Nagel so auf den Kopf trifft, wird mir das Oryoki immer verhasster. Es gibt kein Entrinnen vor der täglichen Diagnose: Heute bin ich besonders schlampig. Besonders widerwillig. Nicht verbesserungsfähig. Unbelehrbar. Immer mehr graust es mir auch vor der Säuberungsaktion am Ende der Turbomahlzeit. Da kratzt man mit dem Spatel seine Schale sauber, bekommt Wasser hineingegossen, schüttet es von einer Schale in die andere, und trinkt zu guter Letzt das Abwaschwasser bis auf einen kleinen Rest aus, der für die hungrigen Geister eingesammelt und in den Garten geschüttet wird. Die hungrigen Geister sind all diejenigen, die in ihrem Leben gierig waren und nie genug bekamen, also ziemlich viele. Zur Strafe haben sie im Jenseits nun so lange Arme, dass sie den Löffel nicht zum Mund führen können, ihre Münder sind so klein, das fast nichts hineinpasst, und wenn sie endlich ein wenig Essen auf der Zunge haben, geht es in Flammen auf. Sie bekommen also nie, nie, nie mehr genug. Nur wenn die Lebenden bereit sind, ihr Essen mit ihnen zu teilen, bekommen sie ein wenig in ihre Mägen, die zu allem Überfluss bizarr aufgeblasen sind. Wirklich kein beneidenswertes Dasein, aber anscheinend auch nicht abschreckend genug, um uns für immer und ewig von der Gier abzuhalten.

Oryoki erfordert die größtmögliche Aufmerksamkeit, die bei mir fast zwangsläufig zum Versagen führt. Ganz so, als würde ich auf Skiern einen Berg hinunterfahren, aber die ganze Zeit auf meine Skier starren, was mich mit Sicherheit in den Schnee fallen lässt. Je mehr ich mich beim Oryoki anstrenge, desto ungeschickter und fahriger werde ich. Das Einfache wird unendlich kompliziert. Ich komme nicht mehr den Berg runter. Ich strauchle, weiß nicht mehr weiter, bekomme Angst, bleibe stehen, bin kurz davor durchzudrehen. Damit bin ich nicht allein. Es kursieren viele Geschichten vom Scheitern am Oryoki, Anekdoten von Zen-Schülern und -Schülerinnen, die sich aus Versehen zu viel Reis nahmen, und ihn, als sie merkten, dass sie niemals alles aufessen und mit den anderen im Takt bleiben konnten, panisch in die Ärmel ihrer Roben schaufelten. Andere bekamen hysterische Lachkrämpfe, pupsten laut vor Schreck und Anspannung oder warfen in ihrer Frustration die Stäbchen in die Luft. Dabei geht es gar nicht ums absolute Funktionieren, um Perfektion, noch nicht einmal um die achtsame Beachtung des Details, sondern ganz einfach um unser Leben. Fast hinterhältig zeigt einem Oryoki die eigenen Muster, den blinden Fleck, Unzulänglichkeiten und Schwächen, mit denen man sich nicht gern konfrontiert. Aber hier bleibt es nicht verborgen: Entsetzt sehe ich, wie krumm und schief jedes Mal wieder meine Tischmatte vor mir liegt: Die Unkonzentriertheit in meinem Kopf liegt direkt vor mir auf dem Tisch. Oryoki macht das Unsichtbare sichtbar.

Aber welches Hochgefühl, wenn es dann ein paar Bewegungen lang klappt, fast von selbst, im vollkommenen Einklang mit den anderen und mir selbst. Wenn die Regeln mir nicht mehr feindselig gegenüberstehen, sondern ich in ihnen Freiheit und Grazie finde. Und dann ist es auch schon wieder vorbei, ich war unachtsam, habe an etwas anderes gedacht, und den Moment verpasst.

In einer Sutra heißt es: »Wenn jemand in seiner Art zu

essen erleuchtet ist, ist alles erleuchtet.« Davon bin ich Lichtjahre entfernt. Aber was nicht ist, kann ja noch werden. Ich räume dann vielleicht doch mal meinen Bürokram ab und decke den Tisch, esse ganz langsam ein Brot mit Butter und Schnittlauch. Und dann noch eins. Und noch eins. Bis es gerade genug ist.

ANTON ČECHOV

Die Köchin heiratet

Griša, ein kleiner, siebenjähriger Knirps, stand an der Küchentür, lauschte und spähte durch das Schlüsselloch. In der Küche geschah nach seiner Meinung etwas Außergewöhnliches, bislang nicht Erlebtes. Am Küchentisch, auf dem gewöhnlich Fleisch gehackt und Zwiebeln geschnitten wurden, saß ein großer, stämmiger Mann in Kutscherkleidung; er war rothaarig und bärtig und hatte einen großen Schweißtropfen auf der Nase. Er balancierte auf den fünf Fingern der rechten Hand eine Untertasse und trank Tee, wobei er so laut den Zucker zerbiß, daß es Griša kalt über den Rücken lief. Ihm gegenüber saß auf einem schmutzigen Schemel die alte Kinderfrau Aksinja Stepanovna, sie trank ebenfalls Tee. Das Gesicht der Kinderfrau war ernst, zugleich aber strahlte es irgendwie feierlich. Die Köchin Pelageja wirtschaftete am Ofen herum, offenbar bemüht, ihr Gesicht abzuwenden. Und auf ihrem Gesicht bemerkte Griša eine ganze Illumination: es glühte und schillerte in allen Farben, von flammender Röte bis zur Totenblässe. Sie griff unaufhörlich mit zitternden Händen nach Messern, Gabeln und Lappen, lief hin und her, knurrte und klopfte, in Wirklichkeit aber tat sie gar nichts. Zu dem Tisch, an dem man Tee trank, sah sie kein einziges Mal hin, und auf die von der Kinderfrau gestellten Fragen

antwortete sie kurz angebunden, streng und ohne sie anzusehen.

»Essen Sie, Danilo Semënyč«, forderte die Kinderfrau
den Kutscher auf. »Aber warum denn immer Tee und nur
Tee? Trinken Sie doch mal ein Schnäpschen!«

Und die Kinderfrau schob dem Gast eine Flasche Vodka
und ein Schnapsgläschen hin, wobei ihr Gesicht einen ganz
boshaften Ausdruck annahm.

»Hab es mir nicht angewöhnt ... nein ...« Der Kutscher
weigerte sich. »Nötigen Sie mich nicht, Aksinja Stepanovna.«

»Was sind Sie bloß für einer ... Ein Droschkenkutscher,
der nicht trinkt ... Für einen ledigen Mann ist es unmöglich, daß er nicht trinkt. Trinken Sie!«

Der Kutscher schielte erst auf den Vodka, dann auf das
boshafte Gesicht der Kinderfrau, und sein eigenes Gesicht
nahm einen nicht weniger boshaften Ausdruck an: nein,
hieß das, mich fängst du nicht, alte Hexe.

»Ich trinke nicht, verschonen Sie mich damit ... In unserem Beruf taugt solche Kleinmütigkeit nicht. Ein Handwerker kann trinken, denn er sitzt auf ein und demselben
Fleck, unsereiner aber steht immer in der Öffentlichkeit.
Ist's nicht so? Man geht in die Kneipe, und inzwischen ist
das Pferd weg; wenn man sich betrinkt, ist's noch schlimmer: da kann man jeden Augenblick einschlafen oder vom
Bock stürzen. So ist die Sache.«

»Und wieviel verdienen Sie am Tag, Danilo Semënyč?«

»Kommt auf den Tag an. An manch einem Tag verdient
man einen grünen Schein, und ein andermal kommt man
ohne einen Groschen nach Hause. Die Tage fallen verschie-

den aus. Heute ist unsere Arbeit überhaupt nichts mehr wert. Sie wissen selbst, Droschkenkutscher gibt es wie Sand am Meer, das Heu ist teuer, und vom Fahrgast gar nicht zu reden, ist immer drauf aus, mit der Pferdebahn zu fahren. Und doch kann man, Gott sei's gedankt, nicht klagen. Man ist satt und bekleidet und … kann auch einen anderen glücklich machen« – der Kutscher schielte zu Pelageja hinüber –, »wenn es einem danach ums Herz ist.«

Was weiter gesprochen wurde, hörte Griša nicht. Mama kam zur Tür und schickte ihn ins Kinderzimmer zum Lernen.

»Geh und lerne. Das gehört sich nicht, hier zu lauschen!«

Als Griša in das Kinderzimmer kam, legte er das Lesebuch vor sich auf den Tisch, aber es war ihm nicht nach Lesen zumute. Was er soeben gehört und gesehen hatte, weckte in seinem Kopf eine Menge von Fragen.

Die Köchin heiratet … dachte er. Sonderbar. Ich verstehe nicht, weshalb man heiraten soll? Mama hat den Papa geheiratet, die Kusine Veročka den Pavel Andreič. Aber Papa und Pavel Andreič kann man meinetwegen heiraten: sie haben goldene Uhrketten, schöne Anzüge, und ihre Schuhe sind immer geputzt; aber diesen fürchterlichen Kutscher mit der roten Nase und den Filzstiefeln heiraten … pfui! Und warum will die Kinderfrau, daß die arme Pelageja heiraten soll?

Als der Gast die Küche verlassen hatte, kam Pelageja in die Zimmer und machte sich ans Aufräumen. Die Aufregung hatte sich bei ihr noch nicht gelegt. Ihr Gesicht war rot und geradezu erschreckt. Sie berührte den Fußboden kaum mit dem Besen und fegte jede Ecke fünfmal. Lange blieb sie in dem Zimmer, in dem Mama saß. Augenscheinlich bedrückte sie das Alleinsein, und sie wollte sich aussprechen, jemandem ihre Eindrücke mitteilen, ihr Herz ausschütten.

»Er ist fort«, brummte sie, als sie sah, daß Mama kein Gespräch begann.

»Aber er ist, das merkt man, ein guter Mensch«, sagte Mama, ohne ihre Augen von der Strickerei zu heben. »So nüchtern und gesetzt.«

»Bei Gott, gnädige Frau, ich heirate nicht!« schrie Pelageja plötzlich auf und wurde ganz rot. »Bei Gott, ich heirate nicht!«

»Sei nicht albern, du bist doch kein Kind mehr. Das ist ein ernster Schritt, man muß ihn gut überlegen, aber nicht so dummes Zeug schreien. Gefällt er dir?«

»Was denken Sie, gnädige Frau!« sagte Pelageja verschämt. »Sie sagen so was, daß ... bei Gott.«

Hätte sie doch gesagt: er gefällt mir nicht! dachte Griša.

»Was zierst du dich eigentlich so ... Gefällt er dir?«

»Aber, gnädige Frau, er ist zu alt! Uh!«

»Quatsch kein dummes Zeug!« fauchte die Kinderfrau aus dem anderen Zimmer Pelageja an. »Er ist noch keine vierzig. Was brauchst du einen jungen Burschen? Auf das Gesicht kommt es doch nicht an, dumme Gans ... Heirate, und damit basta!«

»Bei Gott, ich heirate nicht!« kreischte Pelageja.

»Sei nicht so störrisch! Was für einen Waldteufel brauchst du denn noch! Eine andere würde sich alle zehn Finger lecken, und du – ich heirate nicht. Möchtest bloß immer mit den Briefträgern und Nachhilfelehrern liebäugeln! Zu

Grišenka kommt doch, gnädige Frau, der Nachhilfelehrer, da hat sie sich die Augen aus dem Kopf geguckt. O du Schamlose!«

»Hast du diesen Danilo schon früher gesehen?« fragte die gnädige Frau Pelageja.

»Wo hätte ich ihn sehen sollen? Ich habe ihn heute zum erstenmal gesehen. Aksinja hat ihn von irgendwoher mitgebracht ... den verfluchten Teufel ... Und was drängt er sich mir denn auf?«

Während des Mittagessens, als Pelageja die Speisen servierte, schauten alle, die mitaßen, ihr ins Gesicht und neckten sie mit dem Kutscher. Sie wurde furchtbar rot und kicherte gezwungen.

Wahrscheinlich ist es peinlich zu heiraten ... dachte Griša. Furchtbar peinlich!

Alle Speisen waren versalzen, aus dem nicht durchgebratenen Hähnchen tropfte Blut, und zu guter Letzt rutschten Pelageja während des Essens Teller und Messer aus der Hand wie von einem schiefen Wandbrett, aber niemand machte ihr einen Vorwurf, weil alle ihren Gemütszustand begriffen. Nur einmal warf Papa im Zorn die Serviette auf den Tisch und sagte zu Mama:

»Was hast du nur für ein Vergnügen daran, alle zu verheiraten! Was geht das dich an? Laß sie doch heiraten, wie sie wollen.«

Nach dem Mittagessen tauchten in der Küche die Köchinnen und Stubenmädchen aus der Nachbarschaft auf, und bis zum späten Abend vernahm man ihr Geflüster. Der liebe Gott allein weiß, wie sie von der Brautwerbung Wind bekommen hatten. Als Griša um Mitternacht erwachte, hörte er, wie im Kinderzimmer hinter einem Vorhang die Kinderfrau mit der Köchin flüsterte. Die Kinderfrau redete ihr zu, und die Köchin schluchzte und kicherte abwechselnd. Nachdem Griša eingeschlafen war, träumte er von Pelagejas Entführung durch den Zauberer Černomor und eine Hexe …

Vom anderen Tag an trat Ruhe ein. Das Küchenleben nahm wieder seinen gewohnten Lauf, als hätte es nie einen Kutscher gegeben. Hin und wieder legte die Kinderfrau ihren neuen Schal um und ging mit einem feierlich-strengen Gesichtsausdruck auf zwei Stunden irgendwohin, offenbar, um Verhandlungen zu führen … Pelageja traf sich mit dem Droschkenkutscher nicht, und wenn man sie an ihn erinnerte, errötete sie und rief:

»Sei er doch dreimal verflucht, wenn ich an ihn gedacht habe!«

Eines Abends, als Pelageja und die Kinderfrau eifrig mit Zuschneiden beschäftigt waren, trat meine Mama in die Küche und sagte:

»Heiraten kannst du ihn natürlich, das ist deine Sache, aber Pelageja, hier kann er nicht wohnen … Du weißt, ich habe es nicht gern, wenn jemand in der Küche sitzt. Paß also auf, denke daran … Und dich werde ich nachts nicht fortlassen.«

»Gott weiß, was Sie sich da ausdenken, gnädige Frau!« schluchzte die Köchin auf. »Warum halten Sie mir ihn immer unter die Nase? Soll er toll werden! Das fehlte noch, daß er sich mir aufdrängt, soll er doch …«

Als Griša an einem Sonntagmorgen einen Blick in die Küche warf, erstarrte er vor Staunen. Die Küche war voller

Menschen. Da waren die Köchinnen vom ganzen Hof, der Hauswart, zwei Polizisten, ein Unteroffizier mit Tressen und der junge Filka ... Dieser Filka trieb sich gewöhnlich in der Nähe der Waschküche herum und spielte mit den Hunden, jetzt aber war er gekämmt und gewaschen und hielt eine in Metallfolie gerahmte Ikone. Mitten in der Küche stand Pelageja in einem neuen Kattunkleid, eine Blume auf dem Kopf. Neben ihr stand der Droschkenkutscher. Die beiden waren rot, verschwitzt und zwinkerten heftig mit den Augen.

»Nun ... es ist Zeit, scheint's ...« begann der Unteroffizier nach langem Schweigen.

Pelagejas Gesicht fing an zu zucken, und sie heulte los ... Der Unteroffizier nahm ein großes Brot vom Tisch, stellte sich neben die Kinderfrau und begann das Paar zu segnen. Der Kutscher trat zu dem Unteroffizier, machte vor ihm eine tiefe Verbeugung und küßte schmatzend seine Hand. Dasselbe machte er auch vor Aksinja. Pelageja folgte ihm mechanisch und verbeugte sich ebenfalls. Schließlich öffnete sich die Außentür, in die Küche wallte weißer Nebel, und die ganze Gesellschaft begab sich lärmend aus der Küche in den Hof. Die Arme, die Arme, dachte Griša, als er das Schluchzen der Köchin hörte. Wohin hat man sie geführt? Warum setzen sich Papa und Mama nicht für sie ein?

Nach der Trauung wurde bis zum späten Abend in der Waschküche gesungen und Harmonika gespielt. Mama ärgerte sich die ganze Zeit über, weil die Kinderfrau nach Schnaps roch und weil wegen dieser Hochzeit niemand da war, der den Samovar aufstellte. Als Griša zu Bett ging, war Pelageja noch nicht zurückgekehrt.

Die Arme, sie weint jetzt irgendwo im Finstern, dachte er. Und der Kutscher macht: Pst, pst!

Am anderen Tag war die Köchin schon morgens wieder in der Küche. Für einen Augenblick kam der Droschkenkutscher. Er bedankte sich bei Mama, schaute Pelageja streng an und sagte:

»Gnädige Frau, achten Sie auf sie. Seien Sie zu ihr wie Vater und Mutter. Und auch Sie, Aksinja Stepanovna, lassen Sie sie nicht unbeobachtet, passen Sie auf, daß alles anständig zugeht, ohne Übermut ... Und dann, gnädige Frau, geben Sie mir bitte fünf Rubelchen auf Rechnung von ihrem Gehalt. Ich muß ein neues Kumt kaufen.«

Das war wieder eine Aufgabe für Griša: Pelageja lebte frei, wie sie wollte, ohne jemandem Rechenschaft abzulegen, und plötzlich, mir nichts, dir nichts, erschien ein Fremder und erhielt das Recht, auf ihr Betragen zu achten und über ihr Eigentum zu verfügen. Griša wurde traurig. Dem Weinen nahe, empfand er den leidenschaftlichen Wunsch, dieses scheinbare Opfer menschlicher Willkür, als das sie ihm erschien, zu liebkosen. Nachdem er in der Vorratskammer den größten Apfel ausgesucht hatte, schlich er in die Küche, drückte ihn Pelageja in die Hand und lief Hals über Kopf davon.

BANANA YOSHIMOTO
Das Geisterhaus

Ja, wenn das so ist – ich habe schon die ganze Zeit Lust auf *Nabe*,* aber alleine macht das keinen Spaß. Wollen wir nicht bei mir zu Hause *Nabe* machen, Setchan?«

Ich hatte zuvor bloß gesagt: »Ich möchte mich dafür bedanken, dass du mir bei der Arbeit so oft zur Seite gesprungen bist, deshalb würde ich dich gerne zum Essen einladen.«

Und das war dann Iwakuras** Antwort gewesen.

Ich war mir nicht sicher, wie ich eine solche Einladung in die Wohnung eines allein lebenden jungen Mannes verstehen sollte.

Aber da es sich um Iwakura handelte, war es wohl genau so gemeint, wie er es gesagt hatte, außerdem lag seine Wohnung offenbar ganz in der Nähe.

---

* *Nabe:* Japanisches Eintopfgericht, das wie Fondue zu Hause auf einem Kocher am Tisch zubereitet wird. Ein typisches Winteressen. (A.d.Ü.)
** In Japan ist es auch im vertrauten, informellen Umgang unter Gleichaltrigen nicht unüblich, sich beim Nachnamen zu nennen, insbesondere wenn eine junge Frau einen jungen Mann anspricht. Der Grad der Nähe wird durch ein entsprechendes Suffix ausgedrückt. Den bloßen Vornamen benutzt man nur für sich selbst und den engsten Kreis, etwa den Ehepartner.

Jedenfalls schien er keine Hintergedanken zu haben, seine Miene war offen – und mein Herz machte auch nicht den kleinsten Hüpfer.

Wie der bewölkte Himmel mitten im Winter strahlte er so ein merkwürdiges Zwischending zwischen Helligkeit und Dunkelheit aus, und das hielt mich irgendwie davon ab, mich in ihn zu verlieben. Denn die unbändige Energie, einfach drauflosrennen zu wollen, die Hochstimmung – alles, was für eine junge Liebe unerlässlich ist, schien mit ihm unvorstellbar.

»Gut, wann sollen wir? Bei dir *Nabe* machen, meine ich?«, sagte ich und machte sachlich einen Tag aus.

Das war auf der Bank unter dem großen Keyaki-Baum, dem einzigen auf dem Campus der Uni, die wir beide besuchten.

Ich hatte kaum Freundinnen, und die wenigen Freundinnen, die ich hatte, waren ganz mit ihren Jobs beschäftigt und kamen selten zum Unterricht. Das war der Normalzustand an so einer Idioten-Uni* wie der unseren. Da wir beide also meistens alleine dort herumliefen, hatten wir uns mit der Zeit ganz automatisch angefreundet.

Ich hatte ihn bei einem Aushilfsjob in einem Pub in der Nachbarschaft kennengelernt, wo ich für kurze Zeit meine Freundin vertreten hatte. Er jobbte dort als Barkeeper.

---

* »Idioten-Uni« (jap.: *baka-daigaku*): Privatuniversitäten, die nicht sehr hoch angesehen, doch oft teuer sind, bei denen man relativ leicht einen höheren Bildungsabschluss erwerben kann, wenn man keine akademische Karriere anstrebt.

Wenn wir uns danach an der Uni über den Weg liefen, haben wir regelmäßig zusammen zu Mittag gegessen oder uns ein bisschen unterhalten.

Er war der einzige Sohn der Familie einer in unserer Stadt ziemlich berühmten Biskuitrollenbäckerei, und es gab Gerüchte, dass er, weil er das Geschäft nicht übernehmen wollte, jeden Yen sparte, und tatsächlich schien er so ein Leben zu führen. Er befand sich in einer Art Sackgasse: Wenn er nicht während der Studienzeit sparte und seinen eigenen Weg fand, war ein Leben als Biskuitrollenbäcker vorprogrammiert, ob er wollte oder nicht. Sein Leben als Jobber verriet die typische Not eines Menschen, dessen Weg vorgezeichnet ist.

»Was hast du nur gegen Biskuitrollen, was Besseres kann dir doch kaum passieren!«, sagte ich, die eine Schwäche für Biskuitrollen hatte.

»Im Grunde hab ich ja auch nichts dagegen, nur meine Mutter ist so perfekt, weißt du, ein wahres Prachtstück: immer gutgelaunt, sympathisch, fleißig«, entgegnete Iwakura. Tatsächlich war das angenehme Wesen, die Tüchtigkeit und patente Cleverness seiner Mutter stadtbekannt. Man hörte auch häufig, dass ihre einnehmende Art, mit den Kunden umzugehen, bei so manchem den Ausschlag gab, dort zu kaufen.

»Ich glaube, ich ... ich bin wirklich ein ausgesprochen gutmütiger Mensch.«

»Das weiß ich doch.« Seine Sanftmut und Wohlerzogenheit waren mir schon auf unseren gelegentlichen Spaziergängen aufgefallen. Zum Beispiel, wenn wir durch den Park gingen, der Wind durch die Bäume strich und die schaukelnden Blätter die Sonnenstrahlen tanzen ließen: Dann blinzelte er, und auf seinem Gesicht machte sich ein »Ach, wie herrlich!« breit. Fiel ein Kind hin, huschte ein Bedauern über sein Gesicht, und dann, sobald es von Vater oder Mutter auf den Arm genommen wurde, ein Ausdruck von Erleichterung. Diese aufrichtige Empfindsamkeit ist nur Menschen eigen, die von ihren Eltern etwas entscheidend Wichtiges mit auf den Weg bekommen haben.

»Und wenn ich mein ganzes Leben in diesem Haus bleibe, immer im selben Trott, werde ich allein meine Gutmütigkeit weiter perfektionieren können.«

»Und was wäre daran schlecht?«

»Nichts, aber was ich meine, ist, es käme keine wahre Güte dabei heraus. Sieh mal, in Friedenszeiten, mit genug Geld und Zeit, ist es keine große Kunst, ein sanftmütiger, großherziger Mensch zu werden, meinst du nicht auch? Und genau so wäre es in meinem Fall: Wenn alles so bleibt, wie es ist, wäre das eine Gutmütigkeit nur in guten Zeiten. Und dadurch würde ich letztlich etwas Hässliches, Dunkles in mir heranzüchten. Oder mein Leben würde möglicherweise verstreichen, ohne dass ich etwas anderes als diese oberflächliche Gutmütigkeit erreicht hätte. Aber gerade weil ich schon von Natur aus ein großherziger Mensch bin, möchte ich möglichst daran weiterarbeiten, diese Qualität weiter ausbilden. Und nicht die dunkle Seite davon.«

»Ist das der Grund, warum du jeden Yen zweimal umdrehst und an allen Ecken und Enden sparst wie verrückt?«

»So würde ich es nicht ausdrücken. Ich mache nur das, wozu ich mich entschlossen habe, so weit ich kann. Täte ich das nicht, würde alles so weitergehen wie bisher – und schwups, säße ich im Geschäft. Und wenn es einmal so weit gekommen ist, könnte ich mich dem Lauf der Dinge nicht mehr entziehen«, sagte Iwakura.

Es musste ihn eine ganze Stange Geld gekostet haben, sich an dieser Privatuniversität einzuschreiben.

Ich war schon in den Universitätskindergarten gesteckt worden, weil ich in einer Phase geboren wurde, als meine Eltern gerade in ihrem Geschäft sehr viel um die Ohren hatten, und war dann einfach von ganz unten nach oben durchgereicht worden.

Ich stamme aus dem Hause eines einigermaßen berühmten Restaurants für westliche Küche in der Nachbarstadt. Um unser Haus einzuordnen: Wir stehen in jedem Touristenführer, und wenn man mit der Familie einmal auswärts essen gehen will oder wenn ein alleinstehender Angestellter abends denkt, heute will ich mal nicht so sein und mir ein Abendessen gönnen, bevor ich nach Hause fahre, aber echte französische Küche kann ich mir nicht leisten – dann kommt man zu uns.

Da ich das seit der Generation meiner Großeltern bestehende Restaurant übernehmen wollte, hätte ich eigentlich gar kein Studium oder eine andere Ausbildung gebraucht, solange ich nur halbwegs Kochen lernte. Besser gesagt, da die Speisekarte bei uns immer haargenau gleich geblieben war, hatte ich schon ausgiebig üben können, wie man ein mit Reis gefülltes Omelett oder Sauce Demi-glace oder einen ordentlichen Pilaw und dergleichen zubereitet, ich musste also nur noch irgendwann die Meisterprüfung zur Köchin ablegen.

Mein älterer Bruder war schon als Oberschüler zu Hause ausgezogen, weil er den Familienbetrieb nicht übernehmen wollte. Er arbeitet jetzt in einer Werbeagentur und ist mit Feuereifer bei der Sache.

Mag sein, dass mich dieses »Ich weiß zwar nicht genau, warum, aber ich will auf gar keinen Fall die Nachfolge antreten« an meinen Bruder in jener Zeit als Jugendlichen erinnerte und dass das ein Grund dafür war, dass ich eine gewisse Vertrautheit mit Iwakura verspürte. Wie oft hatte ich mir mitten in der Nacht das Herumgejammere meines Bruders anhören müssen!

Er ist im positiven Sinne wahnsinnig neugierig und wäre überhaupt nicht der Typ gewesen, rund um die Uhr gesellschaftlichen Umgang zu pflegen, tagtäglich die gleichen, festgesetzten Abläufe zu haben und zu den gleichen Zeiten die gleichen Dinge tun zu müssen. Er suchte ständig den Reiz und die Herausforderung und liebte es über alles, wenn etwas Neues passierte. Dass mein Bruder in ihre Fußstapfen treten sollte, war, glaube ich, nichts weiter als die Wunschvorstellung meiner Eltern gewesen.

»Du bist absolut ungeeignet für einen Restaurantbetrieb, Brüderchen. *Ich* werde den Laden übernehmen«, sagte ich immer wieder.

Im nächtlichen Zimmer lachte mein Bruder daraufhin jedes Mal grimmig auf und versuchte, mit Argumenten wie, er hätte aber die geschickteren Hände, außerdem sei er stark und unsere Eltern wollten sowieso ihn als Nachfolger, sich selbst halbherzig vom Gegenteil zu überzeugen.

Denn mein Bruder hatte auch die Eigenart, unsicher zu werden, sobald jemand einen eigenen Standpunkt einnahm.

Jetzt kommt er nur noch sporadisch zu Besuch zu uns nach Hause, dann isst er mit uns zusammen und fährt anschließend wieder weg, in seine eigene Wohnung. Es sieht nicht so aus, als ob er in absehbarer Zeit heiraten würde, er will wohl lieber seine Freiheit noch etwas genießen, und dafür, dass er etwa ganz nach Hause zurückkäme, um das Restaurant zu übernehmen, gibt es keinerlei Anzeichen.

»Ob sie sich da mal nicht übernimmt?« – Meine Eltern hatten offensichtlich hin und her überlegt, wie sie auf mein Ansinnen, den Familienbetrieb übernehmen zu wollen, reagieren sollten, und waren zu dem Schluss gekommen, mich vorher unter allen Umständen so viele verschiedene Erfahrungen wie möglich machen zu lassen, damit es auf keinen Fall so käme wie mit meinem Bruder. So groß schien für sie der Schock gewesen zu sein, dass mein Bruder, von dem sie selbstverständlich angenommen hatten, dass er ihre Nachfolge antreten will, den Restaurantbetrieb hasste.

Deshalb wollten sie auf Nummer sicher gehen und schickten mich, um mir genügend Bedenkzeit zu geben, sogar auf die Universität, damit ich mich noch umentscheiden konnte und es auf gar keinen Fall so aussähe, als wollten sie mir die Nachfolge aufzwingen.

Nun, da ich es mir nicht anders überlegt hatte, war meine Universitätskarriere gerade dabei, wohl einfach auf ein Studium des Lebens an sich hinauszulaufen.

Da es für mich selbstverständlich war, mit meiner Mutter und meinem Vater zusammenzuarbeiten und älter zu werden, und ich es außerdem sogar für das Verlässlichste und Wichtigste im Leben hielt zu sehen, wie Vater und Mutter irgendwann langsam an die Stelle meiner Großeltern traten – meiner bereits verstorbenen Großmutter und meines Großvaters, der immer noch wie das Wahrzeichen des Ladens im Restaurant herumlief und zum Beispiel die Stammgäste bediente –, konnte ich die Gefühle meines Bruders, der all das ablehnte und lieber von zu Hause weggegangen war, überhaupt nicht teilen.

Ich bin schon immer beinahe übertrieben gewissenhaft gewesen, auch als kleines Kind schon, und ich liebe es einfach, an etwas dranzubleiben, was ich einmal angefangen habe. Kalligraphie zum Beispiel mache ich heute noch, das Rechnen mit dem Soroban, dem japanischen Abakus, habe ich zwar aufgegeben, dafür begeistere ich mich seit kurzem fürs Kopfrechnen, außerdem übe ich mich seit zehn Jahren im Töpfern. Mit drei Freundinnen aus Kindertagen zusammen fahre ich jedes Jahr zur selben Jahreszeit nach Iwate ins Onsen, in dasselbe Gasthaus mit heißer Quelle, und betrachte es als feste Jahresveranstaltung, die ich in acht Jahren nicht ein einziges Mal versäumt habe.

Deshalb konnte ich auch überhaupt nicht begreifen, warum Iwakura die hauseigene Biskuitrollenkonditorei, für die man sich günstigere Geschäftsbedingungen kaum vorstellen konnte – herrliches Gebäck mit wunderbarem Geschmack, verbunden mit alteingesessener, günstiger Verkaufslage –, so vehement ablehnte. Wenn es jetzt etwas gegeben hätte, das er hätte lieber machen wollen, hätte ich es nachvollziehen können, aber da es das nicht gab, hatte ich keine Ahnung, welchen Weg er überhaupt einschlagen wollte.

Seine spärlichen Äußerungen, mit denen er weder die Zusammenhänge noch, was in ihm vorging, eingehend erklärte, wirkten auf mich, als lehne er eigentlich nur die eigene Situation ab, da er sich immer noch im Stadium reiner Träumerei befand.

Doch wir waren beide Kinder aus Familien mit langer Tradition im Gastgewerbe, und diese gemeinsame Erfahrung bildete die Basis für angeregte Gespräche – wir hatten einfach die gleiche Wellenlänge, das wusste ich von Anfang an.

Uns beiden war gemein, an so etwas wie Verantwortung gewöhnt zu sein, auch wenn mir bewusst ist, dass es keine großartige Verantwortung war, die wir zu tragen hatten.

Am verabredeten Tag für das *Nabe*-Essen kaufte ich die Zutaten ein und machte mich zum ersten Mal auf den Weg zu der Adresse, die mir Iwakura genannt hatte.

Das Gebäude stand auf einem Grundstück, das Iwakuras Onkel gehörte, und sollte demnächst abgerissen werden, deshalb durfte er bis dahin dort gegen eine symbolische Miete von fünftausend Yen wohnen … diese Geschichte hatte er mir zwar erzählt, trotzdem überstieg der Zustand des Gebäudes meine Vorstellungskraft.

Der Holzbau schien jeden Moment auseinanderzufallen: Fensterscheiben waren zerbrochen, die Stufen der Außentreppe waren eingetreten, und der Flur moderte an allen Ecken und Enden vor sich hin.

Wo bin ich denn hier gelandet – das ist ja zum Fürchten! Und hier wohnt er ganz allein … wie gruselig!, dachte ich, während mir die Knie weich wurden.

Angesichts des desolaten Zustands des Hauses konnte ich jetzt aber nachvollziehen, warum niemand anders mehr hier wohnte.

Ich hatte das Gefühl, nun den Grund für dieses transparent Düstere erkannt zu haben, das für ihn so charakteristisch war, für diese eigenartige Einsamkeit, diese Schwere, die ihn umgab.

Ich wickelte mir den Schal fester um den Hals, blickte in der kalten Winterluft zum trüben Wolkenhimmel auf und schluckte den Kloß hinunter, der mir in der Kehle steckte. Ich hatte das unbestimmte Gefühl, nicht mehr als dieselbe Person wieder herauszukommen, wenn ich einmal dort hineinginge.

Oben im ersten Stock stand Iwakura in der aufgeschobenen alten Schiebetür zur Eckwohnung und erwartete mich.

»Das ist ja ein schreckliches Haus!«

»Sag ich doch, aber das hier war früher die Wohnung der Eigentümer, deshalb habe ich wenigstens viel Platz.« Er lachte.

Und tatsächlich: Im Kontrast zu dem Eindruck, den die winzige Schiebetür vermittelt hatte, lag dahinter eine komplette Zwei-Zimmer-Wohnung. Es gab ein Wohnzimmer mit Küche und Essecke und hinten ein zehn Tatami-Matten großes japanisches Zimmer, Bad und Toilette waren separat, und die Räume hatten sogar relativ hohe Decken. Vom Fenster aus blickte man auf einen Park, wo gerade die Abendmelodie mit der Zeitdurchsage abgespielt wurde, die die Kinder ermahnte, nach Hause zu gehen.

Abgesehen davon, dass die anderen Wohnungen verlassen im Dunkeln lagen, war seine ein überraschend heller, behaglicher Ort.

»Hast du überhaupt einen *Nabe*-Topf?«, fragte ich.

»Klar. Ich besitze sogar einen Tischkocher mit den passenden Gaskartuschen!«

»Ich mache einen einfachen *Nabe*, mit Geflügelbällchen, Chinakohl und Glasnudeln. Bist du einverstanden mit Udon-Nudeln als Sattmacher zum Schluss?«

»Perfekt!«, sagte Iwakura und lachte.

»Eigentlich liegen mir ja Gerichte der westlichen Küche wesentlich mehr. Die könnte ich dir sogar mit verbundenen Augen zubereiten.«

»Ja, richtig, daran hätte ich auch denken können bei meinem Wunsch! Aber ich hatte nun mal solche Lust auf *Nabe*!«

»Macht nichts, die Sachen zu kochen, die wir bei uns im Restaurant servieren, wäre für mich auch nicht so interessant gewesen.«

Ich machte mich in der Küche an die Arbeit, und bald erfüllte Dampf die Wohnung. Iwakura hatte Musik angestellt und las unterdessen in einem Buch. Draußen war es rasch dunkel geworden, und wenn ich gelegentlich die alten Glasfenster zum Lüften öffnete, pfiff ein kalter Wind herein und zog einmal durch die ganze Wohnung.

Dann aßen wir *Nabe*, bis wir nicht mehr konnten, und sahen dabei fern.

Die Zeit floss ganz normal dahin, ohne dass wir das Thema Liebe auch nur streiften.

Ganz der Profi (obwohl ich ja noch gar nicht im Berufsleben stand), hatte ich beim Kochen kaum dreckiges Geschirr zurückgelassen, so dass es nach dem Essen wenig abzuspülen und sauberzumachen gab, und das erledigte überwiegend Iwakura. Dann brühte er Kaffee auf, und nachdem wir es uns damit am Kotatsu* gemütlich gemacht hatten und dazu die Biskuitrolle aßen, die er sich von zu Hause besorgt hatte, sagte ich auf einmal:

»Irgendwie kommt mir diese Wohnung merkwürdig vor. Man beruhigt sich, aber so, als wäre die Zeit stehengeblieben. Es ist so ausgesprochen still hier, nur hier, wie auf einer Insel der Ruhe, und man fühlt sich ganz entspannt. Aber ich frage mich, wie du es bloß schaffst, dich von so einem Ort regelmäßig loszureißen und zur Arbeit zu gehen! Ich an deiner Stelle würde wahrscheinlich hierbleiben und gar nichts mehr machen!«

Iwakura nickte: »Da hast du recht, man entspannt sich schon fast zu sehr in dieser Wohnung, die Zeit bleibt stehen. Außerdem scheint es hier noch Mitbewohner zu geben.«

»Andere Leute – hier, in diesem Gebäude meinst du?«, fragte ich erschrocken, denn ich dachte, er meinte vielleicht irgendwelche Obdachlosen oder so, und mir wurde mulmig zumute.

»Nein, keine fremden Leute ... Wie soll ich sagen, es sind die Hausbesitzer.«

»Die Eigentümer wohnen noch hier?«

»Ja, also, wie soll ich dir das erklären ... Sie sind schon gestorben, aber das scheinen sie noch nicht gemerkt zu haben.«

»Häh? – Wie bitte?«

---

* Kotatsu: niedriger japanischer Tisch, der im Winter mit einer unter der Platte installierten Infrarotlampe und einer Steppdecke bis zum Boden warme Beine und Füße garantiert.

»Ja, ein Ehepaar, sie saßen zusammen am Hibachi*, um sich zu wärmen, und dabei müssen sie dann beide eingenickt sein, jedenfalls sind sie hier in diesem Zimmer durch eine Kohlenmonoxid-Vergiftung ums Leben gekommen. Sie waren schon ziemlich betagt.«

»Hier, in diesem Zimmer?«

»Ja …«

»Ist das jetzt ein Trick? Willst du mir einen Schreck einjagen, damit ich Angst bekomme und du irgendwas Unanständiges mit mir anstellen kannst?«

»Gar keine schlechte Idee … – Aber es ist wirklich wahr. Ab und zu sehe ich die beiden hier in diesem Zimmer.«

Ich wusste nicht recht, was ich dazu sagen sollte, und fragte nur: »Willst du damit sagen, sie sind von der sichtbaren Sorte?«

»Nein, nein, man kann sie nicht richtig sehen, überhaupt nicht. So wie man auch niemanden richtig sieht, wenn man alleine auf Reisen ist und draußen auf einem Friedhof übernachtet.«

»Und, was sollte das dann eben?«

»Vielleicht lässt meine Aufmerksamkeit nach, wenn ich alleine zu Hause bin, ich döse, bin in Gedanken. Oder nach der Arbeit, wenn ich vielleicht übermüdet bin, jedenfalls manchmal, wenn ich gerade aufgewacht bin oder müde nach Hause komme und einen Tee trinke, dann überschneiden sich die beiden Welten, und dann sehe ich sie,

---

* Hibachi: Holzkohlebecken, das in japanischen Häusern und Wohnungen traditionell als Ofen fungierte.

als würden sie hier weiterleben wie früher, wie wenn nichts geschehen wäre.«

»Solltest du nicht vielleicht eine Austreibungszeremonie durchführen lassen?«

»Aber hier wird doch sowieso bald alles abgerissen. Bis dahin lass ich sie einfach in Ruhe, hab ich mir überlegt«, erwiderte Iwakura. »Wo sie doch so glücklich aussehen, wie sie hier harmonisch zusammenleben ...«

Da war sie wieder, die gutmütige Seite von Iwakura. Er war sogar zu Geistern nett!

»Aha«, meinte ich skeptisch.

Vielleicht ist er bei all den Sorgen um seine Zukunft und unter der hohen Arbeitsbelastung im Job ein wenig sonderbar geworden, dachte ich und nahm mir vor, ihn in nächster Zeit besonders aufmerksam im Auge zu behalten.

Davon abgesehen – wie wir uns hier wie ein altes Ehepaar gegenübersaßen, die Füße unter den Kotatsu gestreckt, Kuchen in uns hineinmümmelten und dabei nüchtern über Geister redeten, hatte schon etwas Komisches.

Später brachte er mich noch bis vor die Tür meines Apartmenthauses, wobei er sein Mofa neben sich herschob, weil er auf dem Rückweg noch Besorgungen machen wollte.

»Wieso wohnst du eigentlich alleine, Setchan? Du bräuchtest doch nur eine Bahnstation zu fahren und wärst bei euch zu Hause?«, fragte er.

Es war eine sternenklare Nacht, die Mondsichel hatte Spitzen, scharf wie Eiszapfen. Sie sah weiß aus, als wäre sie aus dem Nachthimmel ausgeschnitten worden.

»Ach, meine Mutter hat sich wieder ein Hobby zugelegt, sie gibt neuerdings Kochkurse. Seitdem ist es ein einziges

Kommen und Gehen zu Hause, und ich habe kein eigenes Zimmer mehr. Aber das hier ist nur ein Ein-Zimmer-Apartment. Ich fahre ständig nach Hause. Meistens esse ich da und komme dann nur zum Schlafen hierher zurück. Ich helfe auch oft im Restaurant aus.«

»Beneidenswert, so dazuzugehören. Ich bin ja inzwischen zum Außenseiter geworden.«

»Aber man muss auch auf einen gewissen Abstand zur Familie achten. Wenn man nämlich nicht aufpasst, sickert alles zu den anderen durch, und man hat als Erwachsener kaum noch Zeit für sich, kein eigenes Leben mehr. Deshalb habe ich mir ganz bewusst eine eigene Wohnung genommen und verreise auch allein.«

»Ach tatsächlich? Da magst du vielleicht recht haben. Womöglich ist es das, was mich auch so fertiggemacht hat. Setz schon mal den Wagen raus, weil die Eltern verreisen oder zum Einkaufen möchten, hilf doch mal schnell diesem oder jenem Verwandten beim Umzug – so etwas würde wie selbstverständlich mein Leben bestimmen, das habe ich klar vor mir gesehen. Dabei finde ich das an sich gar nicht mal so schlimm, und ich habe auch nichts dagegen, ein Handwerker zu werden.«

»Du hast noch so viel Zeit – wie wäre es, wenn du Geld sparst, dir erst mal eine Stelle suchst oder es mit einem Studium im Ausland probierst? So als braver, guter Junge zu leben, wie du es geschildert hast, scheint besonders für einen jungen Mann nicht lange gutzugehen – das macht dich noch ganz kirre.«

»Ja genau, für meine Eltern habe ich das Stadium des kleinen Babys, das sie großziehen müssen, noch nicht wirklich verlassen, aber ich habe schließlich auch mein eigenes Leben.«

»Danke fürs Heimbringen!«

»Danke, dass du heute für mich gekocht hast. Und ich hab mich nicht mal an den Unkosten beteiligt, entschuldige.«

»Keine Ursache. Die Biskuitrolle war so lecker!«

Er winkte mir zu und fuhr mit dem Mofa zurück. Ein teures Modell, etwas alt zwar, aber gut gepflegt. Überall schimmert durch, dass er aus reichem Hause stammt, dachte ich bei mir.

Während er diese Privilegien wie selbstverständlich in Anspruch nahm, gleichzeitig aber davon sprach, das Familienunternehmen zu verlassen und Geld zu sparen, um auf eigenen Füßen zu stehen, was einer kaum lösbaren Aufgabe gleichkam, schien es für mich kein Wunder mehr zu sein, dass er vom Gefühl und vom äußeren Anschein her so düster und trostlos wirkte.

Der Abend war absolut normal verlaufen, wie immer, nichts Außergewöhnliches, meine Gefühle waren kein bisschen aufgewühlt, also urteilte ich für mich entschieden: »Liebe wird nicht daraus, das bleibt Freundschaft.«

»Hör mal, Mama, hast du mal was von einem Unglück in dem alten Apartmenthaus im Stadtteil nebenan gehört? Bei dem die Eigentümer durch eine Kohlenmonoxid-Vergiftung ums Leben gekommen sind?«, fragte ich meine Mutter auf gut Glück.

»Ja, davon habe ich gehört. Es kam sogar in den Nachrichten. Wenn ich mich recht entsinne, haben sie am Hibachi gesessen, aber die Lüftung nicht eingeschaltet, und sind dann eingeschlafen, nicht wahr?«

»Ja genau. Und – weißt du sonst noch was über diese Leute?«, fragte ich weiter, denn meine Mutter hatte ihr ganzes Leben hier verbracht – wenn jemand mehr wusste, dann sie.

Nachdem das Restaurant geschlossen war und wir alles aufgeräumt hatten, saßen wir an der Theke zusammen und aßen Pilaw mit Krebsfleisch, das Tagessen für die Mitarbeiter. Die Miso-Suppe dazu schmeckte genau, wie sie nach dem mir persönlich von Großmutter überlieferten Rezept zu schmecken hatte. Ich wurde überhaupt nicht wütend, wenn man von mir sagte, ich sei einzig und allein auf die Welt gekommen, um für künftige Generationen den Geschmack dieser Miso-Suppe zu erhalten. So köstlich war sie, eine magische Verlockung, ein Zauberelixier. Allein schon, weil Großmutter ja sogar die Miso-Paste selbst gemacht hatte.

»Sie sind oft zusammen hergekommen, dieses Ehepaar. Zuletzt dann nicht mehr so häufig, als der Mann immer schlechter laufen konnte. Meistens kamen sie in der Woche, am frühen Abend, wenn noch alles leer war, Hand in Hand, die beiden. Sie setzten sich grundsätzlich da drüben hin, an Tisch Nummer 6, und bestellten immer eine Portion Reis-Omelett und eine Portion Curry mit Schweinefleisch. Und sie wollten immer Extrateller, weil sie sich jedes Gericht teilten.«

»Ach ja, stimmt, jetzt, wo du es sagst, sehe ich das Bild vor mir. Sicher, an die beiden erinnere ich mich auch!«

»Und sie haben immer zu zweit eine einzige kleine Flasche Bier bestellt, erinnerst du dich? Süß waren sie, der Opa und die Oma, und, wie soll ich sagen, von leisem Auftreten, einfach und schlicht wirkten sie, aber sie hatten ihre bescheidenen, aber festen Gewohnheiten, und die haben sie über lange Jahre hinweg eingehalten, fast so, als ob sie dafür lebten und diese Bräuche sie am Leben hielten. Sie schienen nicht einmal besonderen Spaß daran zu haben, aber denen, die sie beobachteten, vermittelten sie einen Eindruck von Geborgenheit und großem Glück. Dein Vater und ich haben oft zueinander gesagt: ›Sollten wir gemeinsam alt werden, wäre es schön, wenn wir so würden wie sie.‹ Man darf es zwar nicht laut sagen, aber deshalb haben wir damals schon gesagt, es wäre am besten, wenn sie gemeinsam im Schlaf sterben würden«, sagte Mutter.

Vater und Mutter verstehen sich für ein Ehepaar direkt abartig gut.

Die berufliche Laufbahn meines Vaters verlief ungewöhnlich: Er war ein braver fleißiger Angestellter, der regelmäßig zum Essen in unser Restaurant kam, wobei er sich allmählich in Mutter verliebte; daraufhin kündigte er bei seiner Firma, lernte kochen und entschloss sich, mit ihr gemeinsam das Restaurant weiterzuführen. Er ist grundsätzlich mit allem einverstanden, was Mutter sagt. Das war auch wieder so, als es um ihre Pläne um die Kochseminare ging: Obwohl ich mich strikt dagegen ausgesprochen hatte, ist Vater auf Mutters Bitte hin sofort wieder eingeknickt.

»Aber ihr müsst euch jetzt nicht unbedingt ein Beispiel an den beiden nehmen und auch gemeinsam im Schlaf sterben, verstanden?«, meinte ich.

»Und selbst wenn – ich wäre unbesorgt, denn ich wüsste das Restaurant ja in guten Händen!«, sagte Mutter und lachte.

Als wir Kinder waren, hat sie diesen Satz oft auf meinen Bruder losgelassen.

Mutter hat das einfach so dahingesagt, vergnügt und frohgemut, ohne jede böse Absicht, aber in meinem Bruder haben sich diese erwartungsvollen Sätze immer weiter angestaut. Sie immer wieder gesagt zu bekommen bedeutete für ihn eine tonnenschwere Last.

Und ich war jedes Mal neidisch auf ihn, weil er es war, auf den man sich verließ.

Mit Abstand betrachtet lag der unspektakuläre Grund für meinen Wunsch, selber die Nachfolge anzutreten, einfach in der Prägung meines Willens. Wie konnte er bloß meckern, wo er sich doch in einer so gesegneten Position befand! Ich verstand meinen Bruder nicht. All diese Gedanken, die ich ihm gegenüber hegte, waren vielleicht irgendwann unmerklich zu einem so riesenhaften Wust aus Vorstellungen herangewachsen, dass sie einfach als fixe Idee auf mich zurückfielen.

Doch seit dem Tod meiner Großmutter denke ich anders darüber.

Zur Beerdigung erschienen eine Menge ältere Herren in schwarzen Anzügen, die in ihrer Jugend von Großmutter mit allerlei Leckereien durchgefüttert und mit guten Ratschlägen versorgt worden waren und die nun dieses und jenes aus ihren Erinnerungen erzählten – von ihrem ersten Rendezvous im Restaurant zum Beispiel oder wie sie bei Liebeskummer von Großmutter mit frittierten Garnelen

getröstet worden waren – und anschließend wieder heim-
kehrten.

Ich war tief bewegt davon, wie großartig es doch sein
musste, auf diese Weise – im wahrsten Sinne des Wortes –
zur Hintergrundkulisse für das Leben eines Menschen zu
werden.

Das alltägliche Benutzen, Polieren und Putzen hatte den
Einrichtungsgegenständen des Restaurants mit der Zeit eine
intensivere Farbe verliehen. Genauso, schien mir, war auch
Großmutters Leben, einfach dadurch, dass sie Tag für Tag
im Restaurant verbrachte und eigentlich immer die gleichen
Gerichte zubereitete, ungemein intensiv geworden.

Konnte es etwas Besseres geben auf der Welt? Ich war
tief bewegt.

Auch in den folgenden Tagen stürzte sich Iwakura ganz in
seinen Job als Barkeeper, und ich widmete mich meinem
Studium, half zu Hause im Restaurant aus und lernte weiter
alles Mögliche.

Im Restaurant servierten wir inzwischen das Reis-
Omelett auf Tellern, die ich getöpfert hatte, deshalb bekam
die Töpferei reichlich praktische Bedeutung im Alltag für
mich, und die Übung darin wurde mehr und mehr zur
dringenden Aufgabe. Die Speisekarten schrieb ich ebenfalls
selbst per Hand, deshalb konnte ich die Kalligraphie auch
nicht vernachlässigen. Mit meinem viel zu gewissenhaften
Charakter tendierte ich dazu, alles so weit zu treiben, bis
es praktischen Nutzen bekam. Das mag fast schon eine
Macke sein, aber ich kann es nicht ändern, denn so bin ich
nun mal. In gewisser Hinsicht war ich gerade deshalb in

der Lage, mich so sehr in die verschiedensten Sachen zu vertiefen, weil mein Weg feststand. Die Wissenschaft dagegen hatte für meinen Weg beim besten Willen keinen praktischen Nutzen und war deshalb langweilig für mich.

Wenn ich Iwakura ab und zu traf, wirkte er irgendwie blass und angeschlagen.

Das mochte daran liegen, dass er alleine lebte, fernab von seiner großen Familie. Und daran, dass sämtliche übrige Zeit, in der er nicht in Vorlesungen und Seminaren saß, wohl von seinem Job aufgefressen wurde. Egal, wie selbständig er nach außen hin wirkte, er war schließlich immer noch Student, fand ich.

Doch irgendwie konnte ich mich des Gefühls nicht erwehren, dass es auch damit zusammenhing, dass man ihn ›in diesem Geisterhaus in dem Geisterzimmer‹ wohnen ließ.

Vielleicht hatten Geister ja ihre eigene Geisterzeit. Die mit Sicherheit ihren eigenen, geheimnisvollen Fluss hat, der den Lauf der Zeit auf ewig übersteigt. Wenn man nun auch nur ein wenig da hineingerät, raubt einem das womöglich etwas von jener Kraft, die man zum Weiterleben braucht, dachte ich und machte mir ein wenig Sorgen.

Mag sein, dass ich mich damals doch schon in Iwakura verliebt hatte und es mir nur nicht eingestehen wollte.

Zu der Zeit war ich gerade ein halbes Jahr von einem älteren Mann getrennt, der mit mir denselben Töpferkurs besucht hatte. Es war für mich eine ziemlich große Liebe gewesen, und da er Junggeselle war, hatte ich mich im Überschwang der Gefühle sogar dazu verstiegen, an Heirat zu denken. Nach einigem Hin und Her hatten wir uns zwar schließlich getrennt, aber vergessen konnte ich diesen Mann noch nicht. Er heiratete eine andere Frau aus seiner Firma, und da er nicht mehr zum Töpferkurs kam, konnte ich ihn nicht mehr sehen.

Diese andere Frau hatte meinen damaligen Geliebten ursprünglich um Rat gebeten, weil sie von ihrem Ehemann geschlagen wurde, ließ dann aber nicht mehr von ihm ab, bis er sich immer mehr von ihr vereinnahmen ließ.

Mein einziger Vorzug war meine Jugend, ich hatte diesem Prozess, dass sie sich immer mehr zueinander hingezogen fühlten, absolut nichts entgegenzusetzen, und mir blieb nichts anderes übrig, als dem Lauf der Dinge traurig zuzusehen.

Ich hatte Iwakura einmal flüchtig davon erzählt, als gerade nicht so viel zu tun war im Pub. Mein Tonfall war dabei ziemlich scherzhaft gewesen, dennoch sagte Iwakura:

»Ein Mann, der solchen Tricks auf den Leim geht, fällt auch in Zukunft immer wieder auf so was herein, deshalb kannst du von Glück sagen, dass ihr nicht mehr zusammen seid, denke ich.«

Was für eine abgeklärte Meinung für sein Alter, hatte ich verwundert gedacht.

Und um die Wahrheit zu sagen, hatten seine Worte meiner verletzten Seele noch sehr, sehr lange Mut gemacht. Darüber hinaus hatte ich mich mit diesem Thema natürlich nicht mehr an ihn gewandt, und da ich jenem Mann nach seiner Heirat nicht mehr begegnen und ihm deshalb auch nicht nachlaufen konnte, vergaß ich mit der Zeit alles – einzig Iwakuras gelassenes Profil mit der flachen Nase, als er diese Bemerkung machte und dabei ein Glas polierte, hatte bleibenden Eindruck auf mich gemacht.

An jenem Nachmittag lief ich Iwakura zufällig am Bahnhof über den Weg.

»Alles klar?«, erkundigte ich mich lachend.

»Ich hab es so gemacht, wie du gesagt hast, Setchan«, antwortete er und fügte dann unvermittelt hinzu: »Hast du jetzt Zeit? Ich erzähl es dir, während wir weitergehen.«

»Ja, in Ordnung. Ich bin sowieso auf dem Weg nach Hause«, erwiderte ich. »Aber was ist mit deinem Job?«

»Heute hab ich keinen Dienst mehr. Dafür muss ich morgen um sechs Uhr aufstehen«, antwortete er.

Vielleicht bildete ich es mir nur ein, aber sein Teint wirkte frischer als sonst, überhaupt schien er irgendwie quicklebendig zu sein.

»Siehst du immer noch Geister?«, erkundigte ich mich.

»Ja, ab und zu. Die Oma gießt Tee auf und faltet die Wäsche zusammen. Und der Opa macht regelmäßig Gymnastik.«

»Jetzt bist du extra von zu Hause ausgezogen, nur um in dieser neuen Familie zu landen – also, alleine leben stelle ich mir anders vor!«

»Ich hab mich dran gewöhnt, kommt mir alles schon ganz normal vor. ›Ach hallo, guten Tag!‹, begrüße ich sie, wenn ich sie ab und zu sehe. Aber sie bemerken mich ja gar nicht.«

Wir gingen zusammen durch die winterlichen, am Nachmittag fast menschenleeren Straßen.

Die Scheinwerfer der aus beiden Richtungen vorbeifahrenden Autos warfen ihr frostiges Licht, endlos zogen sich die Platanenbäume dahin, die mit ihrer welken, fahlen Farbe die Straße säumten.

»Und? Was hast du so gemacht, wie ich gesagt habe?«, fragte ich.

»Das mit dem Auslandsstudium. Ich habe mich dazu entschlossen, in Frankreich eine Patissier-Schule zu besuchen, weil ich daran wirklich Interesse habe.«

»Was?! Aber das führt doch direkt in die Nachfolge von eurem Laden!«

»Mir ist klargeworden, dass ich unmöglich Tortenbäcker werden kann, ohne jemals in Frankreich gewesen zu sein.«

»Ach so, ja, verstehe. Wenn wir zum Beispiel ein richtiges italienisches Restaurant zu Hause hätten, wäre ich wahrscheinlich auch nach Italien gegangen. Glücklicherweise bieten wir nur westliche Küche nach japanischem Geschmack an, da musste ich mich mit diesem Gedanken nie herumschlagen.«

»Da ich kaum annehme, dass sie es begrüßen würden, wenn ich irgendwelche Änderungen an den von meinem Vater entwickelten Traditionsrezepten für Biskuitrollen vornähme, möchte ich mir unabhängig davon meine eigenen Gedanken machen, mir selbst etwas dazu einfallen lassen. Deshalb werde ich diese Ausbildung machen und dann weitersehen – vielleicht komme ich gar nicht mehr hierher zurück und finde drüben eine Stelle, aber darüber kann ich noch nichts sagen, das hängt davon ab, wie sich die Dinge entwickeln werden. Ich weiß nur, dass ich im Moment das starke Bedürfnis habe, es so zu versuchen. Denn ich habe weder etwas dagegen, meine Hände zu gebrauchen, noch etwas gegen Süßes. Ich glaube nämlich, etwas Süßes nach dem Essen macht Menschen glücklich, und davon träume ich. Zuerst habe ich mich ja nach einer Ausbildungsmöglichkeit in Japan umgesehen, aber bei der Recherche ist dann allmählich die Idee in mir gereift rüberzugehen.«

»Wissen deine Eltern schon davon?«

»Ja, und sie sind strikt dagegen.«

»Und? Was machst du?«

»Ich hab genügend Geld gespart, um erst mal wegzugehen, die Ausbildung und eine billige Wohnung zu finanzieren und mir danach eine Stelle zu suchen. Zur Not habe ich auch noch mein Sparkonto aus der Kindheit. Aber darauf will ich möglichst nicht zurückgreifen, da es Geld ist, das meine Eltern für mich zurückgelegt haben, seit ich klein war.«

»Mensch, du bist ja ein wahrer Meister im Sparen, Iwakura!«

»Ich konnte immer weitersparen, fast ohne etwas zu verbrauchen«, meinte er.

Er wird also fortgehen, dachte ich, und es versetzte mir einen Stich ins Herz. Dann senkte sich eine merkwürdige Traurigkeit auf mich herab. Ich sah in den Himmel, der mir trist und hoch erschien. Wenn er erst in Frankreich war, würde er sicher seinen eigenen Kosmos finden, lange drüben leben und womöglich nie mehr zurückkommen.

Da hatte ich es schon registriert. Nur als vages Gefühl, aber ich merkte, dass Iwakura mit mir schlafen wollte. Sein Gesichtsausdruck, der Tonfall seiner Stimme ließen mich das irgendwie erahnen. Wie ein leise aufgehender Hefeteig lag das Gefühl zwischen uns, sich näherkommen zu wollen, und gärte still vor sich hin.

»Ich würde so gerne noch dein Reis-Omelett probieren, Setchan!«, sagte Iwakura. »Ich bereue es heute noch, dass ich mich damals für *Nabe* entschieden habe – obwohl der ja lecker war.«

»Du könntest es doch jederzeit essen, wenn du in unser Restaurant kämst. Das heißt, mein Vater oder meine Mutter würden es zubereiten, aber vom Geschmack her sollte das keinen Unterschied machen – ich koche vielleicht nur noch ein wenig ungleichmäßiger.«

»Bis zur Meisterprüfung hast du ja auch noch ein wenig Zeit!«, sagte Iwakura und lachte.

» … Soll ich dir vielleicht jetzt eins machen?«, schlug ich vor. »Aber diesmal bezahlst du die Zutaten!«

»Würdest du wirklich?«

»Ja klar!«

Ich glaube, uns beiden war in dem Moment bewusst, dass das im Grunde folgendem Wortwechsel gleichkam: »Würdest du wirklich mit mir schlafen?« – »Ja, klar!« Davon abgesehen schwang ein klein wenig Wehmut mit.

Wie anzüglich doch ein verhangener Winterhimmel ist – eine dicke Wolkendecke, grauer Himmel und ein Wind, der über einen hinwegfegt. Das ganze Setting schien ausschließlich dazu da, Menschen eng zusammenrücken zu lassen. Inmitten dieses sich endlos erstreckenden Graus wollte man nur noch im Zimmer bleiben. Und im Zimmer war man geneigt, sich mit irgendeinem Fremden der grenzenlosen Wollust hinzugeben, ja man bekam geradezu das Gefühl, sich gar nicht anders entspannen zu können.

Wir besorgten die Zutaten in einem Supermarkt, und dann setzte ich ein zweites Mal meinen Fuß in das verfallene Haus und jene Geisterwohnung, vor der ich mich eigentlich hätte gruseln müssen.

Aber ich fürchtete mich kein bisschen. Irgendwie wirkte die Wohnung zunehmend blasser, fragiler, mehr und mehr durchscheinend. Die Luft im Zimmer schien verlassen und klar, draußen vor dem Fenster blickte man – wie könnte es anders sein – in nichts als die endlosen Grauabstufungen der dick übereinanderliegenden Wolken.

Während wir über dies und das redeten und wegen der großen Hitze des Gasofens immer wieder das Fenster aufmachen mussten, bereitete ich das Reis-Omelett zu. Gerichte mit Soße gelingen mir normalerweise außer Haus nicht so gut, aber in diesem Falle konnte ich exakt den Geschmack reproduzieren, den es bei uns im Restaurant hat. Als Zugabe servierte ich ihm sogar noch eine Miso-Suppe mit Austern. Für mich war es ein alltägliches Essen, das mittlerweile eindeutig den Punkt des »Satthabens« überschritten hatte, aber Iwakura verputzte noch die Reste von meinem Teller mit ungeheurer Freude.

Jedes Mal, wenn er aufs Klo musste, fragte ich mich nervös, was ich machen sollte, falls ausgerechnet jetzt die Geister auftauchten, aber glücklicherweise blieb ich im Zimmer allein mit dem auf Hochtouren brennenden Gasofen, der hellorange leuchtete wie Kaminfeuer.

So wurde es acht Uhr abends; wir hatten unsere Füße unter die Decke des Kotatsu gesteckt, aßen eine mit reichlich Sahne gefüllte, luftig-lockere Biskuitrolle, die leicht knusprig angebräunt war, und redeten über unverfängliches Zeug.

»Wieso hast du eigentlich immer frische Biskuitrollen da?«

»Meine Mutter bringt sie vorbei. Genauso wie den Reis.«

»In dem Punkt gleichen sich unsere Elternhäuser: Wir haben immer so viel zu essen, dass wir es verkaufen müssen! – Biskuitrolle ist aber wirklich ein Phänomen, sie ist und bleibt einfach beliebt, vollkommen mode- und saisonunabhängig.«

»Man kann die Füllung ja auch je nach Jahreszeit variieren. Und weil sie sich ein wenig hält, eignet sie sich gut als Präsent. Außerdem lieben die Japaner Biskuitrollen einfach.«

»Was gibt es denn jetzt so für Füllungen?«

»Im Moment gibt es Marone, Matcha* und Yuzu**.«

»Yuzu auch? Ich glaube, da müsste ich passen.«

Wie könnte ich bloß dieses einzigartige Gefühl von Behaglichkeit beschreiben, das mich ergriff, wenn ich mit ihm über derartige Belanglosigkeiten redete? Es war weder wie im Familienkreis noch besonders amüsant. Aber irgendwie passte alles harmonisch zusammen, und wir hätten auf ewig so weiterplaudern können. Wir hätten auch zusammen schweigen können. Ich dachte nicht einmal daran, ob mein

---

* Matcha: hochwertiger, nach spezieller Behandlung fein gemahlener Grüner Tee. Außer bei der Teezeremonie findet das kostbare Teepulver in Japan (und zunehmend im Westen) auch als Zutat und beliebte Geschmacksrichtung für Getränke, Eis, Kuchen oder andere Süßspeisen Verwendung.
** Yuzu: asiatische Zitrusfrucht mit fein-herbem Geschmack, in Japan Symbol für die kalte Jahreszeit.

Make-up vielleicht verwischt war oder mein Haar abstand, wie sonst bei jedem anderen Mann.

»Ich sollte allmählich heimgehen«, sagte ich. »Obwohl ich die Geister leider schon wieder verpasst habe …«

»Du kannst gerne über Nacht bleiben, wenn du sie sehen willst«, entgegnete Iwakura.

Ich bekam einen kleinen Schreck. Aber nur einen klitzekleinen.

»Ich will die Geister gar nicht sehen. Aber ich habe eine Frage: Was genau meinst du mit ›über Nacht bleiben‹? Erklär mir das doch bitte«, sagte ich.

»Hmmh …« Iwakura dachte mit ernstem Gesicht nach. Schließlich antwortete er: »Vielleicht denke ich mir nichts mehr dabei, weil ich schon so lange im Vergnügungsviertel arbeite.«

»Was soll denn das jetzt …?« Meine Stimmung war natürlich ruiniert. »Auch wenn ich weiß, dass es nicht stimmt, könntest du zumindest so etwas sagen wie: ›Du gefällst mir‹, oder, wenn ich es partout aussprechen muss: ›Ich glaube, ich hab mich in dich verliebt‹ oder so etwas Ähnliches!«

»Wenn du es partout hören willst: Von allen Frauen, die ich kenne, mag ich dich sowohl vom Aussehen wie auch vom Charakter her am liebsten«, erwiderte Iwakura. Wenn er das sagt, wird er es wohl auch so meinen, dachte ich, und das versetzte mir einen kleinen Stich ins Herz.

»Jedenfalls ist es so, dass … Also, wenn man im Vergnügungssektor jobbt und die jungen Leute ständig reden hört, die auf dem Nachhauseweg sind und noch was trinken wollen, wie sie die Frage ›Bleibst du über Nacht?‹

quasi als Grußformel verwenden, dann hat man sich an so was so total gewöhnt, dass in einem selbst klare, eindeutige Gefühle verschwunden sind – so ähnlich.«

»Ich glaube, das kann ich sogar irgendwie nachvollziehen.«

»Und Frauen sind doch vielleicht eher so, dass sie, wenn sie mit einem Mann im Zimmer sind, so wie wir jetzt, versuchen, die Atmosphäre im Ganzen auszuloten, mit allen Sinnen. Denke ich mir.«

»Machen wir das nicht alle?«

»Ja, aber Männer sind nur auf das Loch fixiert. Egal, wie schön die Frau geschminkt ist, welche Kleidung sie trägt, wie belanglos das Gespräch verläuft – sie können nur daran denken, dass diese Frau da unten auch ein Loch hat, dieses feuchte, geile Loch, sie sind völlig auf diesen einen Punkt fixiert. Sobald sie einmal angefangen haben, daran zu denken, ist es aus, sie können keinen anderen Gedanken mehr fassen.«

»Häh … ?«

»Deshalb hab ich seit eben auch nur noch an das Loch gedacht. Jedes Mal, wenn du gelacht hast oder etwas gesagt hast, Setchan, hab ich bloß gedacht, dass es da ist, direkt vor mir.«

»Und? Was soll ich jetzt davon halten? – Soll ich mich über diese Eröffnung freuen oder ärgern?«

»Und sobald ich daran denke, bekomme ich Lust, mit dir zu schlafen, und diesen Gedanken kann ich nicht mehr aufhalten, aber ich verlasse Japan schon sehr bald, und deshalb habe ich auch das Gefühl, mich nicht unglücklich machen zu wollen.«

»Stimmt, unglücklich würden wir werden, mit Sicherheit. Wenn wir uns jetzt unserer Begierde überlassen, wird das am Ende so kommen, klar. Ich werde mich bestimmt in dich verlieben, wenn wir miteinander schlafen.«

»Ja, dazu neige ich auch: Wenn wir es tun, werde ich mich bestimmt immer mehr in dich verlieben.«

»Aber die Gelegenheit kommt nicht wieder – und diese Jahreszeit ist einfach zu passend.«

»Das stimmt.«

»Dann lass uns doch hier einfach einen Schlussstrich ziehen und uns miteinander vergnügen, was meinst du?«, sagte ich. »Über die fernere Zukunft kann ich mir unter diesen Umständen sowieso noch keine Gedanken machen. Aber ich bin gerade zufällig solo – und ich habe definitiv ein Loch.«

»Dann wäre es also okay?«

»Jetzt frag mich bitte nicht auch noch um Erlaubnis! Und lade die Verantwortung nicht bei mir ab!«

Auf so originelle Art war ich noch nie von einem Mann in die Enge getrieben worden, das musste ich zugeben. Ein interessanter Kerl, dieser Iwakura, fand ich schwer beeindruckt.

Und dann blieb ich über Nacht in seiner Wohnung.

Ich hatte dünne, brettharte Futons erwartet, aber siehe da, ganz wie es sich für ein verwöhntes Söhnchen gehört, war sein Wandschrank ausgestattet mit einer vielleicht gebrauchten, aber erstklassigen Matratze, einer edlen Daunendecke und sauberen Laken.

Draußen toste der Winterwind und rüttelte an den Fenstern.

In dieser Nacht schliefen wir nur ein einziges Mal miteinander, im Schein einer einsamen, kleinen Nachttischlampe. Wir sagten kein Wort und hatten unglaublich geilen Sex.

Ich hatte zwar zuvor nur mit einem anderen Mann geschlafen, aber Iwakuras behutsame Vorgehensweise erschloss mir eine vollkommen neue Gefühlswelt. Zärtlich erkundete er nach und nach meinen Körper – es war, als prüfe er im Einzelnen, was mir wo am besten gefiel. Dass er dabei seine eigene Erregung im Zaum hielt, erregte mich umso mehr, und ich kam zum ersten Mal vor den Augen eines anderen Menschen. Nachdem er sich ausgiebig davon überzeugt hatte und nicht ohne eine ausreichend lange Pause, drang er in mich ein. Das war ein unheimlicher Augenblick. Es kam mir vor, als hätten wir beide in dem Moment zum allerersten Mal wirklich verstanden, was Sex bedeutet, und wir erschraken voreinander. Ich begriff, dass sich jeder von uns fragte, was er eigentlich bis dahin immer gemacht hatte. Ein Stab von genau der richtigen Härte und Schlüpfrigkeit glitt in die exakt passende, genau richtig feuchte, ihn fest umschließende Öffnung – man konnte meinen, eine perfektere Kombination könne es unmöglich noch einmal geben. Und um sich des Wunders dieser einzigartigen Paarung, der unnachahmlichen Stimmigkeit dieser Idealbesetzung zu vergewissern, dazu war diese Handlung da. Ein Mechanismus, dazu geschaffen, sich gegenseitig gutzutun, ohne sich weh zu tun, ohne aneinanderzugeraten, den man immer wieder anwenden will, weil er genau in dem Moment zu Ende geht, wenn man denkt, dass man für immer so weitermachen möchte. Das habe ich in jenem Augenblick begriffen.

Danach schlüpften wir unter die Daunendecke, kuschelten uns eng aneinander und schliefen ein.

»Anstatt *Nabe* zu essen, war das vielleicht damals schon mein eigentlicher Wunsch gewesen: genau so an einen anderen Menschen geschmiegt zu schlafen«, sagte Iwakura noch, bevor er einschlief.

»Ja – sich einsam zu fühlen, obwohl man geliebt wird, obwohl man doch ein Zuhause hat, in das man zurückkehren kann … Vielleicht liegt das an der Jugend, meinst du nicht?«, antwortete ich. Denn dieses Gefühl kannte ich selbst nur zu gut.

Als ich erwachte, putzte Iwakura sich gerade die Zähne, während er sich gleichzeitig hektisch anzuziehen versuchte – er hatte total verschlafen. »Ich muss schon weg, schließ ab und wirf den Schlüssel in den Briefkasten«, rief er, bevor er hastig zur Tür hinausrannte.

Nicht ohne mir, die ich leicht bekleidet unter der Decke liegen blieb, vorher noch einen Kuss zu geben und zu sagen: »Ich will dich unbedingt noch einmal sehen, bevor ich weggehe!«

Fest eingewickelt in die wohlige Behaglichkeit der Daunendecke und schlaftrunken von der eigenen Körperwärme, starrte ich in den auch heute wieder grauen Himmel, der aussah, als würde es jeden Moment schneien, und war bald wieder eingedöst.

Als ich das nächste Mal aufwachte, voll brennender Sehnsucht und allein, aber rundum zufrieden, war es acht Uhr morgens.

Wenn ich noch länger bleibe, mich noch mehr an Iwakuras Reich gewöhne, werde ich nur immer wehmütiger, dachte ich und beschloss aufzustehen. Ich musste in meine eigene Welt zurückkehren, mit meinem Alltag beginnen.

Ich machte erst mal den Ofen an, und im Zimmer begann es, warm zu werden. Während ich noch gedankenverloren in den glühenden Ofen starrte, war mir irgendwie, als hätte sich bei der Spüle etwas bewegt.

»Ach, richtig, die Geister! Die hatte ich ganz vergessen«, murmelte ich in mich hinein.

Ich sah genauer hin: An der Spüle stand die Gestalt der Großmutter, sie wandte mir den Rücken zu. In gemächlichem Tempo machte sie Wasser heiß und goss Tee auf. Nicht, dass sich der Kessel bewegt oder das Wasser tatsächlich gekocht hätte. Aber irgendwie vollzog die halb durchscheinende Gestalt der Großmutter bedächtig diese Bewegungen. Langsam, eins nach dem anderen. Die gewohnten Bewegungen, in der gewohnten Reihenfolge, behutsam. Und vermutlich war das genau die Vorgehensweise, die sie schon von ihrer Mutter und die wiederum von ihrer Mutter übernommen hatte: liebevoll, ruhig, sicher, seit Generationen überliefert.

Ich musste daran denken, wie meine eigene Großmutter ganz genauso in der Restaurantküche gearbeitet hatte, und schaute gebannt zu, so als wäre ich wieder das kleine Mädchen von früher. Geradeso hatte ich meiner Großmutter immer zugesehen, wenn ich mich erkältet und Fieber bekommen hatte. Mir war sogar, als würde sie mir bestimmt jeden Moment Reisbrei kochen und herüberbringen. Es war ein sehnsuchtsvolles, wehmütiges, herzerwärmendes Gefühl.

Im hinteren Zimmer befolgte der Großvater in langen Unterhosen die Anweisungen der Morgengymnastik im Radio. Indem er langsam Beine und Rücken beugte und wieder streckte, führte er die einzelnen Übungen äußerst gewissenhaft aus. Bestimmt glaubte er, dadurch seinen Körper auf ewig gesund zu erhalten. Dass die Schwachstelle überraschenderweise der Hibachi sein würde, hätte er wohl im Traum nicht gedacht.

Die beiden hatten als Ehepaar sicher ein bescheidenes Leben geführt, ihre Mieter immer freundlich gegrüßt, die Mieten pünktlich eingesammelt und darüber Buch geführt, und einmal im Monat hatten sie sich den kleinen Luxus gegönnt, im immer gleichen Restaurant die immer gleichen Gerichte essen zu gehen.

Na, siehst du, sie sind gar nicht gruselig, sagte ich mir und sah ihnen einfach weiter zu.

Sie hielten sich ganz bestimmt nicht für tot, sondern führten einfach ihr gewohntes Leben weiter, wie immer, bis in alle Ewigkeit.

Der Gedanke an Iwakura mit seinem gutmütigen, ausgezehrten Herzen – wie er hier bei ihnen blieb und den beiden, eingewickelt in seine Daunendecke, immer nur leise, um sie ja nicht zu stören, zusah – rührte mich zutiefst. Ich war auf dem besten Wege, mich ernsthaft in ihn zu verlieben. Ohnehin konnte ich sein Wesen noch überall in meinem Körper spüren. So schwach, verrückt und gutmütig er auch sein mochte – er war ein Mann und konnte wie ein Mann mit einer Frau schlafen.

Die Großmutter ging in der Küche auf ewig ihren kleinen Verrichtungen nach, und der Großvater machte auf ewig seine Gymnastikübungen. Sie waren noch genau so, wie ich sie aus unserem Restaurant kannte: ein ruhiges Paar, das sich gut verstand.

Um die Harmonie nicht zu stören, zog ich mich ohne Hast an und verließ leise die Wohnung.

Natürlich nicht, ohne noch artig zu grüßen: »Verzeihen Sie bitte die Störung!«

Aber sie schenkten mir keinerlei Beachtung, sondern fuhren fort mit ihrem beschaulichen Alltag.

Iwakura hatte nun noch viel mehr um die Ohren als sonst, denn er wollte zunächst bei einem französischen Bekannten, der ihm einen Gefälligkeitsdienst erwies, fast zum Nulltarif Französischunterricht nehmen, bis er ein wenig sprechen konnte, um dann an eine Patisserie-Fachschule in einem Vorort von Paris zu gehen, so dass wir uns höchstens zuwinken konnten, wenn er ab und zu an der Uni auftauchte, und so verging die Zeit wie im Flug, bis der Tag seiner Abreise vor der Tür stand.

Irgendwie ging ich ihm auch aus dem Weg, weil ich ein wenig Distanz schaffen wollte.

Seine Worte aber hatte ich sehr wohl noch im Kopf: »Ich will dich noch einmal sehen, bevor ich gehe.« (Wobei das ja im Klartext ›Ich will noch einmal mit dir schlafen‹ hieß.) Und ich hatte natürlich auch Lust dazu. Er ebenso, wie mir schien.

Doch ich rief ihn von mir aus nicht an und schickte ihm auch keine Mail.

Denn: Auf das Timing kam es an, davon war ich überzeugt.

An einem Freitagmorgen, genau zwei Wochen vor seiner Abreise, abermals einem trüben, feuchten Tag mit heftigem Wind, liefen wir uns dann zufällig auf dem Bahnhofsvorplatz über den Weg.

Dass wir beide dicke Mäntel trugen, machte uns deutlich, wie weit wir den Sommer, in dem wir gemeinsam im Pub gejobbt hatten, hinter uns gelassen hatten.

»Heute lasse ich den Sprachunterricht ausfallen, habe ich beschlossen. Ich muss mich auch endlich um den Umzug kümmern.«

Die Augen, mit denen Iwakura mich ansah, waren die eines Liebenden. Leidenschaftlich, als wäre er imstande, sich jeden Moment auf mich zu stürzen. Keine gierigen Augen, sondern die eines Mannes, der etwas betrachtet, das ihm viel bedeutet.

»Ich muss auch nicht zum Dienst heute«, sagte ich. »Aber ich will noch kurz in die Buchhandlung.«

Dann gingen wir zusammen zum Buchladen und danach Mittag essen.

»Das Haus wird bald abgerissen. Jetzt, wo ich ausziehe, schon sehr bald.«

»Was dann bloß aus den beiden wird? Irgendwie mache ich mir Sorgen.«

»Hast du sie gesehen?«

»Ja. Wie sie bescheiden vor sich hin leben. – Die beiden sind früher oft in unser Restaurant gekommen. Daher kannte ich sie sogar vom Sehen. – Die Großmutter hat Tee aufgegossen, und der Großvater hat Gymnastik gemacht.«

»Sie waren überhaupt nicht gruselig, stimmt's?«

»Nein, gar nicht. Wie soll ich sagen, sie hatten eher eine beruhigende Wirkung auf mich.«

»Ob wir ein paar Räucherstäbchen für sie anzünden sollen, was meinst du?«

»Ja, vielleicht. Wir sind zwar keine Spezialisten, aber das wäre sicher nicht verkehrt.«

Wir kauften, nun selbst wie ein altes Ehepaar, eine schneeweiße Chrysantheme und Räucherstäbchen. Da hatte ich plötzlich eine Idee.

»Weißt du was, wir machen Reis-Omelett und Schweinefleisch-Curry und stellen es ihnen als Opfergabe hin – was hältst du davon? Ich glaube nämlich, das haben sie sich bestimmt schon die ganze Zeit gewünscht.«

Iwakura fand auch, dass das genau das Richtige sei. Wir gingen also in einen Supermarkt und kauften die Zutaten.

So, wie wir beide an jenem Winternachmittag eng nebeneinander schlenderten, ganz zwanglos in Freizeitkleidung, mit den vielen weißen Tüten voller Einkäufe in den Händen, mochten wir für Außenstehende gewiss ein hübsches Pärchen abgegeben haben, das entweder frisch verheiratet war oder in wilder Ehe zusammenlebte. Dabei waren wir nur zwei Menschen, die sich schon bald wieder trennen würden und darüber ein wenig unglücklich waren.

Was wir auch anfingen, wir waren unglaublich glücklich und ein wenig traurig zugleich.

Iwakuras Wohnung war praktisch schon leer, die meisten Sachen waren zusammengepackt, und es gab nur noch das unbedingt Notwendige. Er erzählte mir, die Familie eines Bekannten würde ihm in Frankreich ein Zimmer in ihrem Haus zur Verfügung stellen und er dafür im Gegenzug bei ihnen den Babysitter spielen. Sein Vater hätte ein wenig seine Beziehungen spielen lassen und sich bei diesem Bekannten für ihn eingesetzt.

»Das heißt also, sie sind gar nicht mehr gegen deine Pläne?«

»Mein Vater nicht mehr. Aber meine Mutter ist immer noch strikt dagegen. Sie ahnt eben, dass es durchaus sein könnte, dass ich nicht mehr wiederkomme. Und da ich sie nicht anlügen will, habe ich auch nicht versprochen zurückzukommen. Wenn ich es drüben auch schaffe, genügend Geld zu sparen, kann ich vielleicht bei dieser Familie ausziehen, mir etwas Eigenes suchen und ganz auf eigenen Füßen stehen.«

Sein Gesicht zukunftsfroh und voller Leben. Anders als zu der Zeit, als er jobbte, weil er seinen Weg einfach nicht finden konnte, war es ein Gesicht, das in eine unbekannte Welt blickt. Wenn er so gewissenhaft bleibt, wird er viel dazulernen und es vermutlich weit bringen, dachte ich. Ich war weder neidisch noch traurig, sondern einfach nur froh für ihn. So machte er mir jedenfalls wesentlich bessere Laune, als wenn ich dabei zusehen musste, wie er immer matter und abgeschlagener wurde.

Sobald wir in der Wohnung waren, schlüpften wir unter die Daunendecke und hatten erst einmal Sex, ohne auch nur das Licht zu löschen. Danach blieben wir nackt und redeten über alles Mögliche, wir vertrauten uns gegenseitig an, was wir uns von der Zukunft erhofften, wie wir über unsere Eltern dachten und andere unausgegorene Gedanken, die man sich als junger Mensch macht.

Doch die Traurigkeit blieb uns dabei jederzeit dicht auf

den Fersen. Was wir auch machten, der Gedanke an den unmittelbar bevorstehenden Abschied jagte uns den Schrecken darüber in die Glieder, wie rasend schnell die Zeit verging. Immer, wenn wir gerade fröhlich aufgelacht hatten, erwischte uns fast zwangsläufig die Niedergeschlagenheit. Aber jetzt war es gerade so schön, also konzentrierten wir uns auf das Jetzt.

Als es Abend wurde und wir Hunger bekamen, schaffte ich es irgendwie, aus dem Gepäck, das schon bald abgeschickt werden sollte, eine Pfanne, einen Topf, ein Messer und ein Brett hervorzuholen, und machte das Schweinefleisch-Curry und das Reis-Omelett.

Ich kochte mit Herz und Seele und wesentlich konzentrierter als sonst – ich legte all meine Liebe in die Zubereitung dieser Gerichte. Die beiden hatten den Geschmack unseres Restaurants ausgewählt, um sich mit diesem Genuss den Lebensabend zu versüßen. Wenn ich daran dachte, dass ich für ihre Opfergabe kochte, strengte ich mich umso entschlossener an. Sie würden nie wieder unsere Gäste sein, nie wieder von uns bewirtet werden, nie wieder unsere Gerichte essen können. Aber ich wollte, dass sie zum Abschied die Gefühle der Dankbarkeit auskosteten, die ich in die Zubereitung der Speisen gelegt hatte. Herzlichen Dank für alles, vielen Dank, dass Sie unser Lokal gewählt haben und uns so lange treu geblieben sind!

Das meiste davon würden sowieso wir essen – ihre Portionen richtete ich hübsch auf kleinen Papptellern an, stellte sie ans Fenster, steckte die Chrysantheme daneben in einen Pappbecher und zündete die Räucherstäbchen an – wir falteten beide die Hände und beteten inständig für den ewigen Frieden ihrer Seelen, wenn dieses Haus abgerissen würde. Dann stellte ich noch eine kleine Flasche Bier dazu.

Damit hatte ich alles getan, was ich tun konnte, und dieses Gefühl munterte mich etwas auf.

Genau das gehörte schließlich auch zu meiner Arbeit: den Leuten, die den Geschmack unserer Speisen liebten, meinen Dank zu bekunden.

Iwakura freute sich abermals über mein leckeres Essen und aß alles restlos auf.

Dann, in etwas gefassterer Stimmung, schliefen wir noch einmal miteinander.

»Wirklich zu schade, dass wir ausgerechnet jetzt auseinandergehen müssen – wo es gerade immer besser läuft zwischen uns!«, meinte Iwakura.

Mir ging es genauso.

Die Geister erschienen nicht. Bestimmt waren sie noch satt und zufrieden vom Essen, dachte ich.

Da es allzu traurig werden würde, wenn ich bis zum Morgen bliebe, beschloss ich, in der Nacht noch nach Hause zu gehen, er begleitete mich.

Es hatte durchaus etwas Aufmunterndes, wie wir beide so einträchtig durch die nächtlichen Straßen trotteten.

»Ich schreib dir per E-Mail.«

»Ja. Es war wunderschön. Danke.«

Mit diesen Worten und einem Lächeln umarmten wir uns. Mir war mehr als warm, denn unter meinem Mantel steckte noch die Wärme seines Körpers, vereint mit meiner eigenen.

»Jetzt müssen wir uns trennen, obwohl wir uns so liebhaben!« Als ich bei diesen Worten zu ihm aufblickte, sah ich, wie auch ihm die Tränen in die Augen stiegen.

»Um nur so zum Spaß miteinander zu schlafen, sind wir beide einfach viel zu brav!«

»Du gehst doch jetzt extra aus Japan fort, um damit aufzuhören, ein braver Junge zu sein!«

»Ja, aber vor dir hab ich die Hosen schon heruntergelassen, da klappt das eh nicht mehr.«

»Vielleicht meint das Schicksal es ja gut mit uns, und wir sehen uns irgendwann einmal wieder.«

Dann lösten wir uns voneinander.

Winkend blieb Iwakura auf dem nächtlichen Gehweg stehen und sah mir noch ewig lange nach.

Ich glaube, mit Rücksicht auf die Zukunft des anderen hat sich jeder von uns wohl stillschweigend entschlossen, den Kontakt einschlafen zu lassen.

Nur ein einziges Mal kam eine Mail von Iwakura. Abgesehen von einem kurzen Bericht darüber, wie es ihm ergangen war, stand darin der Satz:

»Bei den Frauen hier kann ich keinen Blumentopf gewinnen.«

Dieser Ton, diese absurde Art von Humor rief ihn mir sofort wieder lebensecht in Erinnerung zurück und trieb mir die Tränen in die Augen.

Iwakuras immer verloren wirkendes Profil, die Farbe des Himmels, in den wir gemeinsam geblickt hatten, die Art, wie er seine Hände und Finger gebraucht hatte – das alles tauchte auf einmal wieder vor mir auf.

Als ich daran dachte, dass wir vielleicht eine gute, glückliche Beziehung hätten aufbauen können, wenn alles nur ein wenig anders verlaufen wäre, und dass ich ihn stattdessen nie mehr wiedersehen würde, waren die Tränen nicht mehr zu halten und liefen mir nur so über das Gesicht.

Irgendwann kam ich einmal in der Gegend vorbei, wo er gewohnt hatte – das alte Haus war komplett abgerissen worden, und an seiner Stelle stand jetzt ein schönes, neues Apartmenthaus. Obwohl es doch zu meinen normalen Aufgaben gehörte, die Stadtentwicklung im Auge zu behalten, blutete mir das Herz. Mir war, als läge mit dem alten Ehepaar auch unsere ganze Leidenschaft dort begraben.

Das alles soll seinen ewigen Frieden finden, wünschte ich mir im Stillen, während ich dort vorüberging.

Dann, im Laufe der Zeit, geriet alles mehr und mehr in Vergessenheit.

Doch acht Jahre später werden wir unsere Hochzeit feiern.

Das Schicksal hat es gut mit uns gemeint, das kann man wohl nicht anders sagen.

Aber zunächst arbeitete Iwakura in einem Vorort von Paris acht Jahre lang als Patissier in einem Restaurant. Natürlich wird er in dieser Zeit ein paar Affären gehabt und allerlei Freuden und Leiden in Liebesdingen erlebt haben.

Und auch ich hatte meine große Liebe und habe durchaus einmal daran gedacht, die Nachfolge im Restaurant sausenzulassen, um diesen Mann zu heiraten – aber wir haben uns getrennt, und ich bin schließlich doch meiner Berufung gefolgt. Ich bin zwar noch weit davon entfernt, eine vollkommen souveräne Gastwirtin zu sein, aber immerhin eigenständig genug, damit meine Eltern zumindest mal ein paar Tage Urlaub nehmen und in ein Kurbad mit heißer Quelle fahren können.

Im April dieses Jahres ist Iwakuras Mutter infolge eines Herzinfarkts gestorben.

Ich bin nicht zur Trauerfeier gegangen. Denn als Frau, die ein paarmal mit dem Sohn der Verstorbenen geschlafen hat, hielt ich es für möglicherweise unangebracht, dort zu erscheinen. Doch in meinem Herzen dachte ich durchaus daran, sprach der Familie innerlich mein Beileid aus und fragte mich auch kurz, ob Iwakura vielleicht zurückgekommen sei, aber mit der Zeit war die Erinnerung an ihn zu einer Art wunderschöner Episode aus der Studentenzeit verblasst, deshalb brannte ich nicht unbedingt darauf, ihn wiederzusehen.

Denn unter unseren Stammgästen waren einige, die Gefallen an mir gefunden hatten, und meine Eltern hatten sich auch so ihre Gedanken gemacht, so dass ich als junge Starwirtin sozusagen die freie Auswahl hatte. Außerdem schien sich just zu dieser Zeit mit einem dieser Verehrer etwas Vielversprechendes zu entwickeln.

Dieser Mann befand sich noch dazu in der Ausbildung zum Koch, so dass unsere Zukunftsträume ebenfalls prächtig harmonierten. Er war gut gebaut, hatte ein sympathisches Wesen und ähnelte ein wenig meinem Großvater – kurzum, ich schwärmte für ihn und hätte mir mit diesem Menschen tatsächlich eine Ehe vorstellen können.

Aber dann liefen Iwakura und ich uns ein weiteres Mal mit jenem unvergleichlichen Timing über den Weg. Man könnte jetzt zwar anmerken, das sei gar nicht so unwahrscheinlich angesichts des kleinen Gebiets, aus dem wir stammten – es ist aber im Fall von so vielbeschäftigten Leuten wie uns beiden zumindest verwunderlich, dass wir uns rein zufällig ausgerechnet zu einem Zeitpunkt trafen, an dem wir beide ein wenig Zeit hatten.

Ich saß alleine bei einer Tasse Tee in einem Café in der Nachbarschaft, als er plötzlich hereinkam.

Ich dachte noch, was ist denn das für ein gutgekleideter Herr und was für ungewöhnlich schöne Farben, da sah ich, dass es Iwakura war – unverkennbar.

Erst starrten wir uns mit großen Augen an, aber dann winkte ich ihn heran, und er setzte sich auf den Platz mir gegenüber.

Durch das lange Leben in der Fremde hatte sich sein Teint ein wenig verändert. Seine rechte Hand war außerdem vom Herstellen der Süß- und Backwaren ausgesprochen kräftig und sehnig geworden. Auch seine Schultern wirkten wesentlich muskulöser als früher und sein Gesicht markanter. Die Augen muteten nicht mehr so verträumt und gutmütig an, sondern hatten den scharfen Blick eines Erwachsenen, der Einsamkeit und Eigenverantwortung kennt.

Ach ja, so hatte er immer werden wollen, aber wenn er in Japan geblieben wäre, hätte er nie die Chance dazu bekommen. Deshalb war ihm wahrscheinlich nichts anderes übriggeblieben, als das Land zu verlassen, das konnte ich jetzt nachvollziehen, da ich das Ergebnis in Augenschein nahm. Er selbst hätte natürlich behauptet, er hätte nicht die leiseste Ahnung gehabt, wie er werden wollte.

Nur eines hatte sich bei all dem nicht geändert: das unverfälschte Strahlen in seinem Gesicht, wenn er lächelte.

»Lange nicht gesehen! Du bist ja richtig erwachsen geworden«, sagte ich.

»Danke gleichfalls – du hast dich nämlich auch in eine richtige junge Frau verwandelt!«, sagte Iwakura lachend.

Es war Sommeranfang, das Café lag an einer Ecke, an der die Leute vom Bahnhof her in die Nebenstraßen strömten; wir saßen an einem lichtüberfluteten Fenstertisch und wurden fast geblendet von all den nackten Armen der Menschen, die erst kurz zuvor ihre Jacken und Jacketts ausgezogen hatten. Das Grün der Bäume entlang der Straße wuchs mit aller Macht in den Himmel und schien ihn jeden Moment zu erreichen.

»Ich bin zurückgekommen, um unser Geschäft zu übernehmen.«

»Hab ich's mir doch gedacht!«, sagte ich.

Bei seinem Charakter hätte es mich nämlich schwer gewundert, wenn er jetzt, da seine Mutter tot und sein Vater auf sich alleine gestellt war, den Laden nicht übernommen hätte.

»Hast du deine Mutter noch einmal sehen können?«

»Ja, als sie nach dem ersten Infarkt ins Krankenhaus gekommen ist, konnte ich noch einen Monat bei ihr sein. Ich bin sie jeden Tag besuchen gegangen, und als sie entlassen worden ist, sind wir sogar noch zusammen in einen Kurort mit heißer Quelle gefahren. Sie hat nicht einmal gefragt, ob ich die Nachfolge übernehme, nicht ein Wort hat sie darüber verloren. Wir konnten einfach noch ein paar unbeschwerte Tage miteinander verbringen, und das war gut so. Deshalb hab ich danach auch hin und her überlegt und fühlte mich etwas in der Zwickmühle, aber mittlerweile gibt es tatsächlich keine gravierenden Gründe mehr, in Frankreich zu bleiben. Das Restaurant, in dem ich drüben arbeite, wird sowieso im Moment erweitert, und es sind gerade viele neue Nachwuchskräfte eingestellt worden, die ich auch schon grob eingearbeitet habe, also von daher ginge es in Ordnung. Das Timing könnte kaum günstiger sein, schätze ich.«

»Und dein Vater – wie geht es ihm? Ist er okay?«

»Nein, er ist völlig am Boden zerstört. Es tut mir weh, ihn anzusehen.«

»Und, was soll das nun in Zukunft für ein Laden werden? Dein Vater macht Biskuitrollen und du Torten und anderes Feingebäck?«

»Daran habe ich auch gedacht, aber wir sind nun mal ein Spezialgeschäft, darauf beruhte immer unser Erfolg, deshalb will ich die anderen Sachen nur zu Weihnachten und auf Bestellung anbieten, habe ich mir überlegt. Jetzt, mit etwas Abstand und genauer betrachtet, muss ich sagen: Mein Vater hat schon seine ganz speziellen, tollen Tricks, seine eigene Technik, wenn man so will. Sieh mal, obwohl ich doch so viel studiert habe, kann ich immer noch keine so guten Biskuitrollen backen wie er, da kann ich machen, was ich will!«

»Und dann willst du sein Nachfolger werden – ob das wohl klappt?«

»Wenn ich mich strikt an seinem Geschmack orientiere – ja, vielleicht. Mein Vater ist durch und durch Handwerker, er sagt Sachen wie: Der Biskuit ist fertig, wenn er sich nicht mehr heiß und feucht anfühlt, wenn du draufdrückst, sondern zischt und zurückspringt. Oder: Beim Zusammenrühren reagiert der Teig jeden Tag anders, das kann man nicht einfach nach Wetter oder Temperatur entscheiden – das lässt sich nicht beschreiben, das muss man im Gefühl haben ... Und: Beim Untermischen des Öls kommt es allein aufs Timing und die wirklich perfekte Menge an, sonst wird das nichts – und so weiter und so fort. Früher habe ich diese Einstellung meines Vaters immer für die Haarspalterei eines Menschen gehalten, der diesen Beruf nicht wirklich vor Ort, nicht richtig dort, wo er herkommt, studiert hat, aber mittlerweile habe ich festgestellt, dass ich mich selbst letztendlich nicht so sehr auf die Dinge verlasse, die ich drüben auf der Schule gelernt habe, sondern vielmehr auf die ganz speziellen Verfahren, die man mir in der Praxis im einzelnen Betrieb beigebracht hat – jede Küche hat da ihre ganz eigene Vorgehensweise, wie mein Vater. Vielleicht sollte es mein Ziel sein, den Geschmack seiner Biskuitrolle zu erhalten – ich glaube, das möchte ich auch. Ich schaue mir seine Methode aus meiner eigenen Perspektive an, um sie ganz genau zu erfassen. Aber ich werde auf jeden Fall auch andere Sachen ausprobieren, das habe ich ja schließlich gelernt. Und mein Vater freut sich auch darauf, von mir noch etwas Neues beigebracht zu bekommen. Vielleicht werden wir sogar zusammen versuchen, unsere eigene Torte zu kreieren. Dadurch schöpft mein Vater dann vielleicht auch wieder neuen Mut.«

»Kann denn das Geschäft jetzt ohne eure Mutter überhaupt noch rundlaufen?«

»Da sagst du was! Den großen Umsatz haben wir hauptsächlich dem Verkaufstalent von Mutter zu verdanken gehabt. Jetzt sind nur noch wir zwei übrig, da wird sich vieles ändern müssen, es wird wohl alles eine etwas härtere Handschrift bekommen – Männerwirtschaft eben. Bis es wieder rundläuft, wird es wahrscheinlich einige Zeit dauern, doch selbst wenn wir uns auf den Kopf stellten – wir werden es eh nie mehr so hinkriegen wie meine Mutter. Sie war wirklich ein Naturtalent, was den Umgang mit Kunden anging. Tatsächlich war die Arbeit drüben auch eine gute Schule darin, den Meister und die Tradition schätzen zu lernen. Deshalb habe ich sicher viel dazugelernt, auch was die zwischenmenschlichen Beziehungen angeht. Ich fühle mich jetzt meinem Vater nicht mehr so ausgeliefert, ich bin nicht mehr abhängig von ihm, das ist das Wichtigste. Inzwischen kann ich sogar französisch kochen.«

»Mach uns bloß nicht auch noch Konkurrenz mit einem französischen Restaurant – ich bitte dich! Wir haben sowieso schon unter der Rezession zu leiden.«

»So weit reichen meine Künste nun auch wieder nicht! – Aber Setchan, eurem Laden geht es doch nicht wirklich schlecht, oder?«

»Nein, nein, aber die alten Stammkunden sind ganz schön anstrengend, was den unverfälschten, althergebrachten Geschmack angeht. Wenn ich mal alleine im Restaurant bin, schlägt mir nicht selten offene Enttäuschung entgegen!«

»Ach was, da kannst du ganz beruhigt sein, Setchan, so lecker, wie du kochst!«

Zu hören, wie Iwakura mich wieder Setchan nannte wie früher, rief bittersüße Gefühle in mir wach.

Und wundersamerweise machte die Zeit in dem Moment etwas Eigenartiges.

Sie floss weder zurück, noch blieb sie stehen.

Sie plusterte sich nur dick auf und breitete sich immer weiter aus. Im strahlenden Sonnenschein dehnte sie sich weiter und weiter aus, hüllte uns beide ein, reichte bis in den Himmel hinein und wurde zur Ewigkeit.

Ich war überzeugt, dass das allein meine Empfindung war, aber als ich Iwakura später fragte, stellte sich heraus, dass er es genauso erlebt hatte.

Zu diesem Zeitpunkt gab es natürlich keinen Funken von sexueller Lust zwischen uns.

Während wir an unserem lichtüberfluteten Fensterplatz unseren schwarzen Tee tranken, hüllte uns beide ein irgendwie weiches, warmes, gelbes Leuchten ein. Das war es, was wir uns immer gewünscht hatten! Es war ein Leuchten, das unseren ausgezehrten Herzen mitteilte: »Das ist es! Genau das hat mir die ganze Zeit gefehlt.«

Das Wort »Segen« kommt jenem Gefühl vielleicht am nächsten.

Da war ich nun die ganze Zeit nach allem Möglichen auf der Suche gewesen, und das sollte es jetzt sein – einfach so?

Ich hatte angenommen, uns hätte damals, weil wir jung waren, der Sex verbunden, aber das stimmte nicht: Allein dadurch, dass wir einfach so dasitzen und über irgendetwas miteinander reden konnten, wallte aus meinem tiefsten Inneren eine unbeschreibliche Lebenskraft auf, und mir fiel es plötzlich wie Schuppen von den Augen: Perfekt, genau so stimmt alles!

Das Gefühl verwandelte sich allmählich in Gewissheit: Einfach zusammenzusitzen und uns anzulächeln machte uns schon zufrieden. So wie jetzt könnte es für immer weitergehen, dachten wir. Das war es also, dachte ich. Bisher hatte ich ständig etwas vermisst, pausenlos hatte ich das Gefühl gehabt, etwas verloren zu haben. Irgendwo in meinem Herzen hatte ich gewusst, dass es etwas war, was ich kannte, aber auf diese Idee wäre ich nie gekommen! Das war also der Grund, warum ich die ganze Zeit immer so traurig gewesen war! Weil mir das gefehlt hatte. Ich war so traurig gewesen, dass ich nicht einmal auf diese Möglichkeit gekommen war – so sprach meine Seele jetzt zu mir.

Unser inneres Leuchten und der schöne, transparente Sonnenschein draußen und das Licht, das zwischen uns beiden brannte – das alles bündelte sich zu einem Strahl und leuchtete uns den Weg in die Zukunft.

Wir tauschten unsere Telefonnummern aus, und eine Woche später rief Iwakura mich an: »Lass uns heiraten, falls du noch zu haben bist!«, sagte er.

»Ja, okay«, erwiderte ich sofort, da ich auch schon daran gedacht hatte. »Zufällig bin ich immer noch solo – und das Loch habe ich definitiv auch immer noch.«

Am anderen Ende der Leitung brach Iwakura in schallendes Gelächter aus.

Unter der Voraussetzung, dass jeder von uns das eigene Geschäft unabhängig vom anderen weiterführen würde, machten unsere Hochzeitspläne rasche Fortschritte. Unsere Eltern waren zunächst ein wenig überrascht, schalteten aber schon bald auf uneingeschränkte Zustimmung um.

Zwei Dinge würden sich bei mir bald ändern: Erstens würde ich noch einen professionellen Koch (nein, nicht den, der in mich verliebt war) einstellen, der die Rolle meines Assistenten übernehmen sollte, damit ich der Position der Chefin und Eigentümerin gerecht werden und auch ein Familienleben führen konnte, und zweitens hatte ich mich dazu entschlossen, im Restaurant Biskuitrolle auf die Karte zu setzen.

Mit dem Können des Schriftkünstlers – ich übte mich immer noch in Kalligraphie – fügte ich der Karte auf der Wandtafel kurzerhand »Biskuitrolle der Saison« zu, und von da an boten wir zwei schöne, dicke Stücke Biskuitrolle für sechshundert Yen an, serviert auf einem von mir selbstgebrannten Teller.

In meinem langen Leben hatte es viele Dinge gegeben, deren ich irgendwann überdrüssig geworden war, aber ich hatte ein ums andere Mal gelernt, jedes einzelne davon als Teil von mir zu akzeptieren.

Und so entpuppten sie sich als bedeutend weniger langweilig, als ich gedacht hatte.

»Ich wünschte, wir könnten das alte Ehepaar auch zur Hochzeit einladen!«

Ich wusste sofort, wen er meinte, und nickte: »Ach ja, das alte Ehepaar.« In dem leeren Zimmer hatte ich im selben Moment auch an die beiden gedacht.

Wir hatten beschlossen, unsere Flitterwochen in Nizza zu verbringen. Meine Vorfreude war ungetrübt, weil ich mit Iwakura reisen würde, der fließend Französisch sprach. Da er sich auskannte, was Läden, Hotels und so weiter betraf, würde alles ganz unbeschwert sein. Auf diese Weise war meine enge Welt auf dem besten Wege, sich ein wenig zu erweitern. Außerdem hatten wir angefangen, uns eine neue Bleibe zu suchen, und nun endlich ein Objekt gefunden, das uns zusagte. Dort, in jener Wohnung, in die wir zu zweit einziehen würden und in der wir gerade die Vorhänge ausmaßen, machte er diese Bemerkung.

»Macht nicht den Eindruck, als ob es hier Geister gäbe, was meinst du?«, sagte er.

Die acht Jahre hatten ihn einerseits total verändert, den unveränderlichen Zügen an ihm aber überhaupt nichts anhaben können.

Seine ausgefallenen Jacketts, die normale Japaner nie tragen würden, die Werkzeuge zum Herstellen von Konfiserie, die Art, wie er am Telefon Französisch sprach, wenn er ab und zu aus Übersee angerufen wurde, und so weiter – all das stimmte mich eher hoffnungsfroh.

Ich war glücklich, dass Dinge in mein Leben traten, die mir überhaupt nicht vertraut waren.

Ob es ihm mit mir wohl nicht zu langweilig ist, fragte ich mich oft. Ich hatte die ganze Zeit das Gleiche gemacht und war am gleichen Fleck geblieben. Alles, was er von mir anführen könnte, wäre der gar nicht großartige Umstand, dass seine Frau Tag für Tag im eigenen Familienbetrieb arbeitet und außerdem ein phantastisches Reis-Omelett macht. Für ihn wäre doch in Wahrheit eine Frau besser, die entweder im Umgang mit den Kunden ähnlich begnadet ist, wie es seine Mutter war, oder aber – wenn es denn schon eine berufstätige Frau sein muss – eine viel schillerndere, reizvollere Persönlichkeit hat, dachte ich allen Ernstes.

Ich fragte ihn mehrfach danach, aber er antwortete stets, er langweile sich überhaupt nicht, sondern könne im Gegenteil durchatmen, und überhaupt, er fände immer größeren Gefallen an meinem Gesicht und meinem Körper.

Tatsächlich hatte sich mein unreifer, eher ungelenker, draller Mädchenkörper mehr und mehr in den einer erwachsenen Frau verwandelt. Vor dem Spiegel im Bad etwa musste ich mir angesichts der Kurven meiner schmalen Taille manchmal selbst zugestehen: »Was für ein sexy Körper!« Der knackige Po, die schlanken Fesseln, die runden Brüste, die zart vorstehenden, rosafarbenen Brustwarzen – nicht schlecht, fand ich. Das hatte ich wohl zum Teil auch der körperlichen Arbeit zu verdanken, die mich ordentlich auf Trab hielt.

»Ob das alte Ehepaar damals wohl seinen Frieden gefunden hat?«

»Mit dem Reis-Omelett und dem Schweinefleisch-Curry waren sie sicher vollauf zufrieden. Zuletzt hatte der alte Herr ja solche Probleme beim Laufen, dass sie gar nicht mehr zu uns kommen konnten, weißt du noch?«

»Stimmt, ich erinnere mich. Dann hast du sie bestimmt glücklich gemacht, was?«

Ich lachte.

Gerichte, die mehr Kraft spenden als diese beiden, kann ich vielleicht nicht kochen, und sogar jetzt noch, wenn mir manchmal vor Müdigkeit die Arme schwer werden und ich alles zu versalzen drohe, denke ich immer an damals zurück, als ich mit tadellos gestrecktem Rücken Reis-Omelett und Schweinefleisch-Curry gekocht habe – als Abschiedsessen für Iwakura und als letztes Abendmahl für jenes alte Ehepaar, bevor sie ins Himmelreich eingingen –, und dann besinne ich mich darauf, dass ich das, was ich in die Zubereitung dieser Speisen gelegt habe, niemals verlieren darf, und reiße mich wieder zusammen.

Die Speisen, die ich koche, könnten für jeden Gast das letzte Essen seines Lebens sein – das gehört zu meinem Beruf, und ich bemühe mich, es niemals zu vergessen.

»Ich überlege, ob ich nicht, wenn ich erst etwas mehr Luft habe, Bestellungen von allein lebenden älteren Menschen aus unserem Viertel aufnehmen und einen Lieferservice anbieten soll. Ich könnte doch zum Beispiel ein preiswertes Lunchpaket mit Reis-Omelett entwickeln«, sagte ich.

»Ich habe auch schon an so etwas gedacht. Drüben, besonders in Gegenden außerhalb von Paris, schenken die Läden generell dem direkten Umfeld enorme Beachtung, jede einfache Bäckerei macht das. Kunden, die von weit her kommen, sind natürlich auch von Bedeutung, aber eine professionelle Einstellung zeichnet sich gerade dadurch aus, dass man den Leuten aus der direkten Nachbarschaft Qualität und exzellenten Service bieten will«, antwortete Iwakura.

»Lass uns doch irgendwann unsere Läden zusammenlegen – in welcher Form auch immer.«

»Ja, aber es wäre schön, wenn wir dafür ein größeres Grundstück besäßen, wo wir dann auch unser Wohnhaus bauen könnten.«

Und bis dahin werden wir bestimmt hier in dieser Wohnung leben … dachte ich.

Die Wohnung war hell und gut zu lüften, man schaute in das Grün eines Parks, und aus einer nahe gelegenen Grundschule drangen ausgelassene Kinderstimmen herüber. Hier war alles ganz anders als in jener Wohnung damals in dem alten, verfallenen Haus. Hier würden wahrscheinlich auch keine Geister erscheinen – wir waren schließlich beide mittlerweile erwachsen geworden.

Wären wir nicht erwachsen geworden, wäre uns nach so langer Zeit bestimmt niemals so schockartig klargeworden, dass scheinbar belanglos verbrachte Zeit, nämlich mit einem vertrauten Menschen am Kotatsu zu sitzen und endlos reden zu können, ohne – auch auf die Gefahr hin, dass ein wenig Langeweile aufkommt – auf der eigenen Meinung zu beharren oder sich anzugiften, sondern sich gelegentlich sogar von den Worten des Gegenübers beeindrucken zu lassen oder auch einfach gemeinsam schweigen zu können, für eine Beziehung bedeutend kostbarer ist, als miteinander zu schlafen und sich furchtbar zu streiten, um sich dann wieder leidenschaftlich zu versöhnen. Auf Letzteres den Akzent zu legen schien mir im Rückblick nämlich genau ein Charakteristikum der Jugend zu sein. Deshalb hatten wir damals nicht erkannt, wie viel wir einander bedeuteten – und weil wir es eben doch irgendwie gespürt hatten, hat es uns später überhaupt klarwerden können.

Und doch … Wir würden die Tage unserem jeweiligen Alltag widmen und dabei die Tatsache, dass wir beide einen Stab und ein Loch füreinander haben, vor der Außenwelt verborgen im Mittelpunkt unserer Beziehung halten. Und die Nächte würden wir damit verbringen, endlos über albernes Zeug zu reden oder miteinander zu schlafen – und dabei langsam alt werden. Wir würden also eine Beziehung pflegen, die weder allein auf Körperlichkeit noch allein auf Gefühl beruht, und der Raum, der auf schon unentrinnbare Weise nur uns beiden gehört, würde immer weiter anschwellen.

Den Anfang wird Nizza machen, aber wir werden bestimmt noch an viele verschiedene Orte reisen und dabei immer wieder aufs Neue merken, wie gut wir uns sexuell verstehen.

Und doch wird der Sex wahrscheinlich für immer unübertroffen bleiben, den wir unter jenem bewölkten Himmel in jenem warmen Zimmer unter der Daunendecke im Beisein der Geister hatten.

Die Grundlage für unsere Beziehung wird wohl auf ewig jenes Empfinden von damals bleiben.

Und irgendwann werden auch wir fast ohne jede Spur verschwinden, wie jenes alte Ehepaar.

Auf den ersten Blick schlichte Menschenleben, aber in Wahrheit sind sie, sind wir alle, Teil des gigantischen Flusses, der den Abenteuern auf den sieben Weltmeeren gleichkommt. Dort ist meine verstorbene Großmutter, und dort ist nun auch Iwakuras Mutter. Und jenes Ehepaar auch. Sie alle haben diesen Fluss durchlebt, jeder von ihnen hat sich auf seine Weise darin abgestrampelt, aber alle bleiben letzten Endes im selben Wasser – im gigantischen Fluss des Lebens.

Ob wir wohl auch geheiratet hätten, wenn wir die beiden in jener Wohnung nicht gesehen hätten?

Das allein wird ein Rätsel bleiben, aber ich glaube, eher nicht.

Irgendwie sagt mir das mein Gefühl.

ROALD DAHL

Geschmack

Wir waren unser sechs beim Dinner an jenem Abend im Hause meines Freundes Mike Schofield in London: Mike, seine Frau und seine Tochter, meine Frau und ich sowie ein gewisser Richard Pratt.

Richard Pratt, ein berühmter Gourmet, war Vorsitzender eines kleinen Vereins, genannt ›die Epikureer‹. Jeden Monat verschickte er privat an die Mitglieder eine Broschüre über Speisen und Weine, und er organisierte auch Festessen, bei denen erlesene Gerichte und seltene Weine serviert wurden. Um sich seinen Geschmackssinn voll und ganz zu bewahren, rauchte er nicht, und wenn er über Weine sprach, hatte er eine seltsame, fast verschrobene Art, jeden einzelnen wie ein lebendes Wesen zu charakterisieren.

»Ein intelligenter Wein«, sagte er etwa, »ein wenig schüchtern und zurückhaltend, aber sehr intelligent.« Oder: »Ein gefälliger Wein, freundlich und heiter – ein bisschen frivol vielleicht, aber dennoch gefällig.«

Mike hatte mich schon zweimal mit Pratt zusammen eingeladen, und in beiden Fällen hatten die Schofields weder Mühe noch Kosten gescheut, um dem berühmten Gourmet ein exquisites Menü vorzusetzen. Und diesmal wollten sie sich offenbar selbst übertreffen. Als wir das Speisezimmer betraten, sah ich sofort, dass der Tisch für ein Festmahl gedeckt war. Die schlanken Kerzen, die gelben Rosen, das viele glänzende Silber, die drei Weingläser für jede Person und dazu der leichte Bratengeruch aus der Küche – das alles ließ mir das Wasser im Munde zusammenlaufen.

Wir setzten uns, und plötzlich erinnerte ich mich, dass Mike bei jedem der vorangegangenen Besuche gefragt hatte, ob Richard Pratt sich zutraue, das Wachstum und den Jahrgang des französischen Rotweins zu bestimmen. Als Pratt erwiderte, dass dies nicht allzu schwierig sein dürfte, sofern es sich um einen der großen Jahrgänge handelte, hatte Mike Zweifel geäußert und ihm eine Wette angeboten. Pratt war auf den Vorschlag eingegangen und hatte beide Male eine Kiste des betreffenden Weines gewonnen.

Ich war sicher, dass sich das kleine Spiel an diesem Abend wiederholen würde, denn Mike nahm gern eine verlorene Wette in Kauf, wenn er dadurch beweisen konnte, dass sein Wein gut genug war, erkannt zu werden. Und was Pratt betraf, so fand er ein großes, nur schlecht verhehltes Vergnügen daran, seine Kennerschaft zur Schau zu stellen.

Der erste Gang wurde aufgetragen: Sehr kross in Butter gebratene Sprotten. Dazu gab es einen Mosel. Mike erhob sich und füllte eigenhändig die Gläser. Als er sich wieder setzte, fiel mir auf, dass er Richard Pratt beobachtete. Er hatte die Flasche vor mich hingestellt, sodass ich das Etikett lesen konnte.

›Geierslay Ohligsberg, 1945‹ stand darauf. Er beugte sich vor und flüsterte mir zu, dass Geierslay ein kleines Dorf an der Mosel sei, außerhalb Deutschlands nahezu unbekannt. Bei diesem Wein, fügte er hinzu, handle es sich um eine Rarität, denn die Produktion des Weinguts sei so gering, dass ein Fremder kaum hoffen dürfe, etwas davon zu bekommen. Er selbst habe Geierslay im vorigen Sommer besucht, und es sei ihm unter großen Schwierigkeiten gelungen, ein paar Dutzend Flaschen zu erstehen.

»Ich bezweifle, dass außer mir jemand in England diesen Wein hat«, sagte er mit einem Blick auf Richard Pratt. »Das Gute am Mosel ist«, fuhr er mit erhobener Stimme fort, »dass er sich glänzend dazu eignet, vor dem Rotwein getrunken zu werden. Viele Leute servieren stattdessen Rheinwein, aber nur, weil sie es nicht besser wissen. Ein Rheinwein erdrückt einen delikaten Rotwein, ist Ihnen das bekannt? Es ist barbarisch, Rheinwein vor Rotwein zu servieren. Aber ein Mosel – ah! – ein Mosel ist genau das Richtige.«

Mike Schofield, ein liebenswürdiger Mann in mittleren Jahren, war Börsenmakler. Zwischenhändler an der Börse, um genau zu sein. Und er schien, wie viele Menschen seiner Art, Unbehagen, wenn nicht gar Scham zu empfinden, weil er so viel Geld in einem Beruf verdient hatte, der so wenig Bildung erforderte. Im Grunde seines Herzens wusste er, dass er in Wirklichkeit nicht viel mehr als ein Buchmacher war – ein würdevoller, unendlich ehrbarer, insgeheim jedoch skrupelloser Buchmacher –, und er wusste, dass seine Freunde es auch wussten. So war er jetzt bestrebt, ein Mann von Kultur zu werden, sich auf literarischem und ästhetischem Gebiet zu vervollkommnen, Gemälde zu sammeln, Schallplatten, Bücher und alles, was sonst noch dazugehört. Sein kleiner Sermon über Rhein- und Moselweine war ein Teil dieser Bildung, dieser Kultur, nach der er strebte.

»Ein köstliches Weinchen, nicht wahr?«, fragte er mich,

beobachtete aber nach wie vor Richard Pratt. Ich stellte fest, dass er ihm jedes Mal, wenn er den Kopf senkte, um einen Bissen Fisch in den Mund zu schieben, einen raschen, verstohlenen Blick zuwarf. Ich konnte fast *fühlen,* wie er auf den Moment wartete, da Pratt den ersten Schluck trinken und mit einem erfreuten, erstaunten, vielleicht sogar verblüfften Lächeln von seinem Glas aufsehen würde. Und dann musste sich ja eine Diskussion entwickeln, die Mike Gelegenheit gab, über das Dorf Geierslay zu berichten.

Aber Richard Pratt rührte den Wein nicht an. Seine Aufmerksamkeit war voll und ganz von Mikes achtzehnjähriger Tochter Louise in Anspruch genommen. Er hatte sich ihr halb zugewandt, lächelte sie an und erzählte ihr irgendeine Geschichte von einem Küchenchef in einem Pariser Restaurant. Beim Sprechen beugte er sich immer weiter vor, schien in seinem Eifer beinahe mit ihr zusammenzustoßen, und die arme Louise lehnte sich zurück, so weit sie nur konnte, nickte höflich, wenn auch recht verzweifelt, und wich Pratts Blick aus, indem sie starr auf den obersten Knopf seines Smokings sah.

Wir waren fertig mit dem Fisch, und das Dienstmädchen ging von einem zum anderen, um die Teller abzuräumen. Als sie zu Pratt kam, bemerkte sie, dass er noch nichts gegessen hatte, und blieb unschlüssig stehen. Pratt hob den Kopf, winkte sie fort und begann hastig zu essen. Mit flinken, ruckartigen Bewegungen schaufelte er sich die kleinen, knusprig braunen Fische in den Mund, griff dann nach seinem Glas, leerte es mit zwei raschen Schlucken und wandte sich sogleich Louise Schofield zu, um das unterbrochene Gespräch wiederaufzunehmen.

Mike hatte alles gesehen. Ich erinnere mich, dass er sehr ruhig und beherrscht dasaß, die Augen auf seinen Gast gerichtet. Sein rundes, freundliches Gesicht schien leicht zu erschlaffen, aber er hielt sich zurück und sagte kein Wort.

Bald darauf brachte das Dienstmädchen den zweiten Gang, einen großen Rinderbraten. Sie stellte ihn vor Mike auf den Tisch, und er stand auf, um ihn zu tranchieren. Er schnitt die Scheiben sehr dünn und hob sie behutsam auf die Teller, die das Mädchen ihm reichte. Als alle – auch er selbst – versorgt waren, legte er das Tranchiermesser hin, stützte die Hände auf die Tischkante und beugte sich ein wenig vor.

»So«, sagte er zu uns allen, blickte dabei aber nur Richard Pratt an, »und nun der Rotwein. Ich muss ihn erst holen, also entschuldigen Sie mich einen Moment.«

»Holen, Mike?«, fragte ich. »Wo ist er denn?«

»In meinem Arbeitszimmer, mit aufgezogenem Korken – damit er atmen kann.«

»Warum im Arbeitszimmer?«

»Wegen der Zimmertemperatur natürlich. Er steht schon seit vierundzwanzig Stunden dort.«

»Aber warum gerade im Arbeitszimmer?«

»Weil das der beste Platz im Haus ist. Richard hat mir bei seinem letzten Besuch dazu geraten.«

Als Pratt seinen Namen hörte, wandte er sich um.

»Das stimmt doch, nicht wahr?«, fragte Mike.

»Ja«, antwortete Pratt und nickte ernst mit dem Kopf. »Das stimmt.«

»Auf dem grünen Karteikasten in meinem Arbeitszimmer«, sagte Mike. »Das ist die Stelle, die wir ausgesucht haben. Ein zugfreies Plätzchen in einem Raum mit gleichmäßiger Temperatur: Einen Augenblick bitte, ich bin gleich wieder da.«

Der Gedanke, dass er noch einen Wein auszuspielen hatte, belebte ihn sichtlich, und er eilte beschwingten Fußes hinaus. Eine Minute später kehrte er zurück. Er ging jetzt bedeutend langsamer und trug vorsichtig einen Weinkorb, in dem eine dunkle Flasche lag. Das Etikett war nach unten gekehrt, also nicht sichtbar. »Nun«, rief er, als er sich dem Tisch näherte, »wie steht's mit diesem hier, Richard? Den werden Sie nie erraten!«

Richard Pratt drehte sich ohne Hast um, schaute zu Mike auf und ließ dann den Blick zu der Flasche in dem kleinen Weidenkorb hinunterwandern. Er hob die Augenbrauen, bis sie einen hochmütigen Bogen bildeten, und schob die Unterlippe vor. Unglaublich anmaßend und hässlich sah er auf einmal aus.

»Sie kommen nie dahinter«, beteuerte Mike. »Nicht in hundert Jahren.«

»Ein französischer Rotwein?«, fragte Pratt herablassend.

»Selbstverständlich.«

»Von einem der kleineren Weingüter?«

»Vielleicht, Richard. Vielleicht auch nicht.«

»Aber es ist ein guter Jahrgang? Einer der großen Jahrgänge?«

»Ja, dafür garantiere ich.«

»Dann dürfte es nicht allzu schwierig sein«, meinte Richard Pratt. Er sprach in einem näselnden Ton, und seine Miene drückte äußerste Langeweile aus. Auf mich machten die affektierte Redeweise und die überbetonte Gleichgültigkeit einen eigenartigen Eindruck, umso mehr als zwischen seinen Augen ein Schatten von Bosheit lag und seine Haltung gespannte Aufmerksamkeit verriet. Ich spürte ein leichtes Unbehagen, als ich ihn beobachtete.

»Der hier ist wirklich schwer zu erraten«, versicherte Mike. »Ich will Sie nicht drängen, darauf eine Wette abzuschließen.«

»So. Und warum nicht?« Wieder das langsame Heben der Brauen, der kühle, gespannte Blick.

»Weil es zu schwer ist.«

»Na, hören Sie, das ist nicht gerade ein Kompliment für mich.«

»Mein Lieber«, sagte Mike, »wenn Sie Wert darauf legen, können wir natürlich gern wetten.«

»Es dürfte nicht allzu schwierig sein, ihn zu bestimmen.«

»Sie meinen, Sie wollen wetten?«

»Aber ja, ich bin durchaus dazu bereit«, antwortete Richard Pratt.

»Gut, dann also um das Übliche. Eine Kiste des betreffenden Weines.«

»Sie glauben wohl nicht, dass ich ihn bestimmen kann, wie?«

»Offengestanden und mit allem Respekt gesagt, nein.« Mike war nach wie vor bemüht, höflich zu bleiben, während der andere kaum verbarg, wie sehr das alles ihn langweilte. Und doch schien Pratts nächste Frage von einem gewissen Interesse zu zeugen.

»Wollen wir den Einsatz erhöhen?«

»Nein, Richard. Eine Kiste ist genug.«

»Würden Sie um fünfzig Kisten wetten?«

»Das wäre töricht.«

Mike stand kerzengerade hinter seinem Stuhl am Kopfende des Tisches und hielt vorsichtig die Flasche in ihrem albernen Flechtkorb. Eine Spur von Blässe lag jetzt um seine Nasenflügel, und die Lippen waren fest zusammengepresst.

Pratt lehnte sich lässig zurück und blickte zu ihm auf, die Brauen gewölbt, die Lider halb geschlossen, ein kleines Lächeln in den Mundwinkeln. Und wieder sah ich oder glaubte zu sehen, wie etwas ausgesprochen Beunruhigendes in seinem Gesicht aufflackerte – bösartige, gespannte Aufmerksamkeit zwischen den Augen, und in den Augen selbst, genau im Zentrum, im Schwarz der Pupille, ein lauerndes Fünkchen Verschlagenheit.

»Sie wollen also den Einsatz nicht erhöhen?«

»Was mich betrifft, alter Junge, mir ist es völlig egal«, erklärte Mike. »Ich wette mit Ihnen um alles, was Sie wollen, um alles!«

Die drei Frauen und ich saßen schweigend da und beobachteten die beiden Männer. Mrs. Schofield wurde ärgerlich; ihr Mund bekam etwas Verkniffenes, und ich hatte den Eindruck, sie werde im nächsten Augenblick dazwischenfahren. Die Bratenscheiben lagen vor uns auf den Tellern und dampften leicht.

»Sie wetten wirklich um alles, was ich will?«

»Ich sagte es bereits. Wenn Sie das Risiko nicht scheuen – *ich* wette so hoch, wie es Ihnen beliebt.«

»Selbst um zehntausend Pfund?«

»Natürlich. Alles, was Sie wünschen.« Mikes Stimme

klang jetzt sehr zuversichtlich. Er wusste genau, dass er jede Summe halten konnte, die Pratt ihm vorschlug.

»Sie sagen also, ich darf den Einsatz bestimmen?«, vergewisserte sich Pratt noch einmal.

»Das habe ich gesagt.«

Eine Pause trat ein. Pratt blickte langsam in die Runde, erst auf mich, dann nacheinander auf die drei Frauen. Er schien uns daran erinnern zu wollen, dass wir Zeugen des Angebots waren.

»Mike!«, mahnte Mrs. Schofield. »Mike, lass uns endlich mit diesem Unsinn aufhören und unseren Braten essen. Er wird ganz kalt.«

»Das ist kein Unsinn«, sagte Pratt ruhig. »Wir schließen eine kleine Wette ab.«

Ich bemerkte, dass das Dienstmädchen mit einer Schüssel Gemüse im Hintergrund stand und offensichtlich nicht wusste, ob weiterserviert werden sollte oder nicht.

»Nun gut«, meinte Pratt, »dann werde ich also den Einsatz nennen.«

»Legen Sie los«, erwiderte Mike unbekümmert. »Mir ist es schnurzegal, worum wir wetten – Sie sind dran.«

Pratt nickte, und abermals spielte das kleine Lächeln um seine Mundwinkel. Ohne Mike aus den Augen zu lassen, sagte er langsam: »Ich wette mit Ihnen um die Hand Ihrer Tochter.«

Louise Schofield fuhr auf. »Halt!«, rief sie. »Nein! Das ist nicht sehr witzig! Hör mal, Daddy, das ist überhaupt nicht witzig.«

»Beruhige dich, Kind«, sagte ihre Mutter. »Sie scherzen ja nur.«

»Ich scherze nicht«, erklärte Richard Pratt.

»Das ist lächerlich.« Mike konnte nicht verbergen, dass er einigermaßen fassungslos war.

»Sie sagten doch, Sie würden um alles wetten, was ich wollte.«

»Ich meinte Geld.«

»*Gesagt* haben Sie's nicht.«

»Aber gemeint.«

»Dann ist es schade, dass Sie sich nicht deutlicher ausgedrückt haben. Nun, wie dem auch sei, wenn Sie von Ihrem Angebot zurücktreten möchten, soll es mir recht sein.«

»Hier geht's gar nicht darum, ob ich von meinem Angebot zurücktreten möchte, alter Junge. Die Wette lässt sich ohnehin nicht durchführen, da Sie keinen gleichwertigen Einsatz zu bieten haben. Woher wollen Sie denn die Tochter nehmen, die Sie mir geben müssten, falls Sie verlieren? Und selbst wenn Sie eine hätten, würde ich sie bestimmt nicht heiraten.«

»Das freut mich, mein Lieber«, warf Mrs. Schofield ein.

»Ich setze alles dagegen, was Sie wollen«, verkündete Pratt. »Mein Haus zum Beispiel. Wie wär's mit meinem Haus?«

»Welches?«, fragte Mike, natürlich im Scherz.

»Das Landhaus.«

»Warum nicht auch noch das andere?«

»Na schön, dann eben meine beiden Häuser.«

Hier sah ich Mike zögern. Er trat einen Schritt vor und stellte die Flasche in ihrem Korb behutsam auf den Tisch. Er schob den Salzstreuer zur Seite, den Pfefferstreuer, dann nahm er sein Messer in die Hand, betrachtete nachdenklich die Klinge und legte es wieder hin. Seine Tochter hatte ebenfalls bemerkt, dass er zögerte.

»Daddy!«, rief sie. »Sei nicht *albern*! Es ist einfach *zu* blöde. Ich weigere mich, so verwettet zu werden.«

»Ganz recht, Liebes«, kam ihr die Mutter zu Hilfe. »Hör sofort auf, Mike, setz dich hin und iss.«

Mike beachtete sie nicht. Er blickte hinüber zu seiner Tochter und lächelte – ein leichtes, väterliches, beruhigendes Lächeln. Aber in seinen Augen war ein kleines triumphierendes Leuchten. »Weißt du«, sagte er, noch immer lächelnd, »weißt du, Louise, wir sollten uns das doch mal überlegen.«

»Nun sei aber still, Daddy! Mir reicht's jetzt! Wirklich, etwas so Unsinniges ist mir noch nie vorgekommen!«

»Reg dich nicht auf, Kindchen. Hör dir erst mal an, was ich zu sagen habe.«

»Aber ich *will* es nicht hören.«

»Louise! Bitte! Die Sache ist so: Richard hat uns eine ernstgemeinte Wette angeboten. Er ist es, der darauf besteht, nicht ich. Und wenn er verliert, geht ein beträchtliches Vermögen in deinen Besitz über. Nein, warte einen Augenblick, Kindchen, unterbrich mich nicht. Jetzt kommt nämlich das Wichtigste: Er kann *unmöglich gewinnen*.«

»Er scheint es aber zu glauben.«

»Nun hör doch schon zu. Schließlich weiß ich, wovon ich rede. Ein Fachmann, der einen französischen Rotwein kostet – sofern es sich nicht um einen der berühmten großen Weine wie Lafitte oder Latour handelt –, ist keinesfalls imstande, genaue Angaben über das Weingut zu machen. Er kann dir natürlich sagen, aus welchem Bordeaux-

Gebiet der Wein stammt, ob er aus Saint-Émilion, Pomerol, Graves oder Médoc kommt. Aber jedes Gebiet hat mehrere Gemarkungen, und jede Gemarkung hat viele, viele kleine Weingüter. Es ist unmöglich, sie nur vom Geschmack und Geruch her zu unterscheiden. Auch wenn ich sage, dass der Wein, den ich hier habe, von einem kleinen Weingut stammt, das inmitten vieler anderer kleiner Weingüter liegt, wird Richard den Namen nie erraten. Es ist unmöglich.«

»Das kannst du nicht wissen«, widersprach Louise.

»O doch, verlass dich drauf. Ich will mich ja nicht selbst loben, aber was Weine betrifft, da weiß ich so ziemlich Bescheid. Und dann, bedenke doch, Kind, ich bin dein Vater. Glaubst du etwa, ich würde dich in etwas hineinmanövrieren, was du nicht willst? Ich versuche nur, dir Geld zu verschaffen.«

»Mike!«, rief seine Frau scharf. »Hör jetzt auf, Mike, bitte!«

Wieder beachtete er sie nicht. »Wenn diese Wette zustande kommt«, sagte er zu seiner Tochter, »bist du in zehn Minuten die Besitzerin von zwei großen Häusern.«

»Aber ich brauche keine zwei großen Häuser, Daddy.«

»Dann verkauf sie. Verkauf sie ihm auf der Stelle zurück. Ich arrangiere das für dich. Und dann, stell dir das nur einmal vor, mein Kind, dann bist du reich! Unabhängig für den Rest deines Lebens!«

»Daddy, mir gefällt das nicht. Ich finde es leichtfertig.«

»Ich auch«, erklärte die Mutter energisch und nickte dabei mit dem Kopf wie ein pickendes Huhn. »Du solltest dich schämen, Michael, überhaupt so einen Vorschlag zu machen! Noch dazu deiner eigenen Tochter!«

Mike hatte nicht einmal einen Blick für sie. »Sag ja!«, drängte er, die Augen fest auf das Mädchen gerichtet. »Sag schnell ja! Ich garantiere dir, dass du nicht verlierst.«

»Aber mir gefällt es nicht, Daddy.«

»Los, Kind, sag doch ja!«

Mike setzte seiner Tochter schwer zu. Er beugte sich zu ihr, sah sie unverwandt mit seinen harten, hellen Augen an, und es war nicht leicht für Louise, ihm zu widerstehen.

»Und wenn ich nun verliere?«

»Begreife doch endlich, dass du nicht verlieren kannst. Ich garantiere es dir.«

»Ach, Daddy ...«

»Ich verschaffe dir ein Vermögen. Also los jetzt. Was sagst du, Louise? Ja?«

Ein letztes Zögern. Dann zuckte sie hilflos mit den Schultern. »Na gut. Aber nur, wenn du schwörst, dass ich auf keinen Fall verliere.«

»Großartig!«, rief Mike. »Dann ist ja alles in Ordnung. Die Wette gilt.«

»Ja«, bestätigte Richard Pratt und sah das Mädchen an. »Die Wette gilt.«

Sofort griff Mike nach dem Wein, goss ein Schlückchen in sein Glas und lief dann aufgeregt von einem zum anderen, um die Gläser zu füllen. Wir alle beobachteten nun Richard Pratt, beobachteten gespannt sein Gesicht, als er langsam die rechte Hand nach dem Glas ausstreckte. Der Mann war etwa fünfzig Jahre alt, und er hatte kein angenehmes Gesicht. Es schien nur aus Mund zu bestehen, aus Mund und Lippen – den fleischigen, feuchten Lippen des professionellen Gourmets. Die Unterlippe hing leicht nach unten, eine weiche, vorgewölbte Feinschmeckerlippe, die ständig auf den Rand eines Glases oder auf einen Leckerbissen zu warten schien. Wie ein Schlüsselloch, dachte ich, als ich ihn betrachtete; sein Mund gleicht einem großen Schlüsselloch.

Langsam hob er das Glas an die Nase. Die Nasenspitze tauchte ins Glas und bewegte sich leicht schnüffelnd über die Oberfläche des Weines. Er schwenkte den Wein sacht im Glas, damit das Bouquet zu ihm aufstieg. Die Augen hatte er geschlossen. Er war völlig konzentriert. Die obere Hälfte seines Körpers, der Kopf, der Hals und die Brust, schien sich in eine große, sensible Riechmaschine zu verwandeln, in der die Botschaft der schnüffelnden Nase aufgefangen, gefiltert und analysiert wurde.

Mike hatte sich, wie ich feststellte, bequem zurückgelehnt, scheinbar unbeteiligt, obgleich er alles genau verfolgte. Mrs. Schofield saß starr und steif am anderen Ende des Tisches und blickte missbilligend geradeaus. Louise hatte ihren Stuhl ein wenig herumgerückt, sodass sie dem Gourmet das Gesicht zuwandte, und wie ihr Vater ließ sie ihn nicht aus den Augen.

Die Riechprobe dauerte mindestens eine Minute; dann senkte Pratt das Glas, ohne die Augen zu öffnen oder den Kopf zu bewegen, und kippte sich fast die Hälfte des Inhalts in den Mund. Er wartete, den Mund voller Wein, und empfing den ersten Geschmack. Darauf ließ er etwas Wein die Kehle hinunterrinnen, und ich sah, wie sich sein Adamsapfel beim Schlucken bewegte. Das meiste behielt er jedoch im Mund. Und nun, ohne noch einmal zu schlucken, sog er durch die Lippen ein wenig Luft ein, die sich im Mund mit den Düften des Weines vermischte und in die Lungen drang. Nach einer Weile stieß er den Atem durch die Nase aus und begann, den Wein unter der Zunge herumzurollen und zu kauen. Er kaute ihn buchstäblich mit den Zähnen, wie ein Stück Brot.

Es war eine feierliche, eindrucksvolle Darbietung, und ich muss sagen, er machte seine Sache gut.

»Hm«, meinte er, als er das Glas absetzte und sich mit seiner rosa Zunge über die Lippen fuhr. »Hm – ja. Ein sehr interessantes Weinchen – sanft und gefällig, fast weiblich im Nachgeschmack.«

Er hatte zu viel Speichel im Mund, und während er sprach, sprühte er gelegentlich ein helles Tröpfchen auf den Tisch.

»Nun können wir anfangen zu eliminieren«, sagte er. »Sie müssen entschuldigen, wenn ich dabei mit größter Sorgfalt vorgehe – schließlich steht ja viel auf dem Spiel. Normalerweise würde ich vielleicht etwas riskieren, schnell vorpreschen und mitten im Weingut meiner Wahl landen. Aber diesmal – ich muss diesmal sehr vorsichtig sein, nicht wahr?« Er blickte Mike an und lächelte ein dicklippiges, feuchtlippiges Lächeln. Mike verzog keine Miene.

»Zuerst also, aus welchem Gebiet in Bordeaux stammt dieser Wein? Das ist nicht schwer zu erraten. Er ist viel zu leicht in der Substanz, als dass er ein Saint-Émilion oder ein Graves sein könnte. Offensichtlich ein Médoc. Ja, *darüber* besteht kein Zweifel … Nun die zweite Frage: Aus welcher Gemarkung in Médoc kommt er? Das dürfte, wenn wir eliminieren, auch nicht schwer zu bestimmen sein. Margaux? Nein, ganz gewiss kein Margaux. Er hat nicht das feurige Bouquet eines Margaux. Pauillac? Nein, auch kein Pauillac. Dafür ist er zu zart, zu mild und schmachtend. Der Wein aus Pauillac hat einen Geschmack, der fast herrisch in seinem Charakter ist. Und bei einem Pauillac schmecke ich auch immer ein gewisses Aroma heraus, ein eigenartig erdiges, kerniges Aroma, das die Rebe aus dem Boden jener Gegend annimmt. Nein, nein. Dies – dies ist ein sehr zarter Wein, zurückhaltend und keusch, der sich beim zweiten Schmecken zaghaft, aber sehr anmutig entfaltet. Ein bisschen schelmisch vielleicht beim zweiten Schmecken und auch ein bisschen unartig, da er die Zunge mit einer Spur, einer winzigen Spur von Gerbsäure neckt. Und im Nachgeschmack ist er köstlich – besänftigend und weiblich, mit einer gewissen heiteren Freigebigkeit, die man nur bei Weinen der Gemarkung Saint-Julien findet. Ohne Frage, dies ist ein Saint-Julien.«

Richard Pratt lehnte sich zurück, hielt die Hände in Brusthöhe und legte die Fingerspitzen sorgfältig gegeneinander. Er benahm sich lächerlich anmaßend, aber das war wohl Absicht – er wollte seinen Gastgeber verspotten. Ich war ziemlich gespannt, wie es weitergehen würde. Louise zündete sich eine Zigarette an. Pratt hörte das Zischen des aufflammenden Streichholzes und fuhr herum, plötzlich von Wut gepackt. »Bitte!«, rief er. »Bitte, unterlassen Sie das! Es ist eine widerliche Angewohnheit, bei Tisch zu rauchen.«

Sie schaute ihn an, das brennende Streichholz noch in der Hand; der Blick ihrer großen, ruhigen Augen heftete sich auf sein Gesicht, verweilte dort einige Sekunden und entfernte sich dann langsam und verächtlich. Sie senkte den

Kopf und blies das Streichholz aus, behielt jedoch die unangezündete Zigarette zwischen den Fingern.

»Entschuldigen Sie, meine Liebe«, sagte Pratt, »aber ich kann es einfach nicht ertragen, wenn bei Tisch geraucht wird.«

Diesmal schaute sie ihn nicht an.

»Nun, lassen Sie mich sehen – wo waren wir stehengeblieben?«, sprach er weiter. »Ach ja. Dieser Wein ist also aus Bordeaux, aus der Gemarkung Saint-Julien in Médoc. Gut und schön. Aber jetzt kommen wir zu dem schwierigsten Teil – dem Namen des Weinguts. Denn in Saint-Julien gibt es sehr viele Weingüter, und wie unser Gastgeber vorhin so treffend und richtig bemerkte, ist der Unterschied zwischen dem Wein des einen und dem des anderen oft recht geringfügig. Und trotzdem …«

Er hielt inne und schloss die Augen. »Ich versuche, die ›Lage‹ zu bestimmen«, erklärte er. »Wenn mir das gelingt, ist die Schlacht schon halb gewonnen. Einen Moment bitte … Dies ist offenbar kein Wein erster Lage – nicht einmal zweiter. Es ist kein großer Wein. Ihm fehlt die Qualität, das … das – wie soll ich sagen? – das Feuer, die Kraft. Aber eine dritte Lage – das könnte sein. Und doch bezweifle ich es. Wir wissen von unserem Gastgeber, dass es ein guter Jahrgang ist, und das schmeichelt dem Wein vermutlich etwas. Ich muss vorsichtig sein. Ich muss hier sehr vorsichtig sein.«

Er hob sein Glas und nahm einen kleinen Schluck.

»Ja«, sagte er, mit den Lippen schmatzend. »Ich hatte recht. Es ist ein Wein vierter Lage. Jetzt bin ich sicher. Ein Wein vierter Lage von einem sehr guten Jahrgang, sogar von einem ganz großen Jahrgang. Deswegen schmeckte er im ersten Augenblick wie ein Wein dritter oder sogar zweiter Lage. Gut! Ausgezeichnet! Wir kommen der Sache schon näher. Was für Weingüter vierter Lage gibt es in der Gemarkung Saint-Julien?«

Wieder hob er das Glas und hielt den Rand an seine weiche, vorgewölbte Unterlippe. Ich sah die Zungenspitze hervorschießen, rosa und schmal, in den Wein tauchen und zurückschnellen – ein abstoßender Anblick. Mit geschlossenen Augen setzte er das Glas ab. Auf seinem Gesicht lag ein Ausdruck schärfster Konzentration; nur die fleischigen Lippen bewegten sich, glitten übereinander wie zwei feuchte Schwammstücke.

»Da ist es wieder!«, rief er. »Gerbsäure im Mittelgeschmack und dieses Gefühl, als zöge die Zunge sich leicht zusammen. Ja, ja, natürlich! Jetzt hab ich's! Der Wein kommt von einem der kleinen Güter um Beychevelle. Ich erinnere mich deutlich ... Die Gegend um Beychevelle ... der Fluss ... der kleine Hafen, der so verschlammt ist, dass die Weinkähne ihn nicht mehr benutzen können. Beychevelle ... Vielleicht sogar ein Beychevelle selbst? Nein, das glaube ich nicht. Aber irgendwo in der Nähe ... Château Talbot? Könnte es ein Talbot sein? Ja, das wäre möglich. Warten Sie ...!«

Er nippte an seinem Glas. Aus den Augenwinkeln beobachtete ich, wie sich Mike Schofield immer weiter über den Tisch beugte, den Mund ein wenig geöffnet, die kleinen Augen starr auf Richard Pratt gerichtet.

»Nein. Ich hatte unrecht. Es ist kein Talbot. Ein Talbot spricht einen etwas schneller an als dieser hier; das Bouquet ist dichter an der Oberfläche. Wenn es ein Vierunddreißiger ist, was ich glaube, dann kann es kein Talbot sein. Hm ... Lassen Sie mich nachdenken. Kein Beychevelle, kein Talbot und doch – und doch den beiden so ähnlich, so nah verwandt, dass der Weinberg eigentlich zwischen ihnen liegen muss. Nun, welcher könnte das sein?«

Er zögerte, und wir blickten ihn mit atemloser Spannung an. Jeder von uns, sogar Mikes Frau, beobachtete ihn jetzt. Ich hörte, wie sich das Dienstmädchen auf Zehenspitzen dem Büfett hinter mir näherte und die Gemüseschüssel sehr vorsichtig absetzte, um die Stille nicht zu stören.

»Ah!«, rief er plötzlich aus. »Ich hab's! Ja, ich glaube, ich hab's.«

Er trank den letzten Schluck Wein. Dann, das Glas noch in der zum Mund erhobenen Hand, wandte er sich Mike zu, lächelte – ein weiches, öliges Lächeln – und sagte: »Wenn Sie's genau wissen wollen: Das ist der kleine Château Branaire-Ducru.«

Mike saß stumm und starr da.

»Und zwar vom Jahrgang neunzehnhundertvierunddreißig.«

Wir alle sahen auf Mike und warteten, dass er die Flasche in ihrem Korb umdrehte und das Etikett zeigte.

»Ist das Ihre endgültige Antwort?«, fragte Mike.

»Ich denke schon.«

»Nun, ist sie es, ja oder nein?«

»Ja.«

»Wie war doch der Name?«

»Château Branaire-Ducru. Hübsches Weingütchen. Reizendes altes Château. Kenne es recht gut. Komisch, dass ich nicht gleich darauf gekommen bin.«

»Na los, Daddy«, sagte Louise, »dreh sie um und lass uns den Namen sehen. Ich möchte meine beiden Häuser haben.«

»Einen Augenblick«, murmelte Mike. »Nur noch einen Augenblick.« Er saß ganz still, wie vom Donner gerührt, und sein Gesicht wurde schwammig und bleich, als flösse die Kraft langsam aus ihm heraus.

»Michael!«, rief seine Frau scharf vom anderen Ende des Tisches. »Was ist los?«

»Bitte, Margaret, halt du dich aus dieser Angelegenheit heraus.« Richard Pratt sah Mike an, mit lächelndem Mund und kleinen, glänzenden Augen. Mike sah niemanden an.

»Daddy!«, rief seine Tochter angstvoll. »Daddy, du meinst doch nicht etwa, dass er richtig geraten hat?«

»Reg dich nicht auf, Kindchen«, stieß Mike hervor. »Dazu besteht überhaupt kein Grund.«

Ich glaube, es war vor allem der Wunsch, seiner Familie zu entrinnen, der Mike bewog, zu Richard Pratt zu sagen: »Ich mache Ihnen einen Vorschlag, Richard. Wir beide verziehen uns jetzt ins Nebenzimmer und bereden die Sache in aller Ruhe.«

»Ich will nichts bereden«, erwiderte Pratt. »Ich will das Etikett auf der Flasche sehen.« Er wusste, dass er gewonnen hatte; seine Haltung, seine gelassene Arroganz waren die eines Siegers, und ich merkte ihm an, dass er höchst unangenehm werden würde, wenn es Schwierigkeiten geben sollte. »Worauf warten Sie noch?«, fuhr er Mike an. »Los, drehen Sie um.«

Dann geschah dies: Das Dienstmädchen, eine kleine, aufrechte Gestalt in Schwarz und Weiß, stand auf einmal neben Richard Pratt und hielt etwas in der Hand. »Ich glaube, das gehört Ihnen, Sir«, sagte sie.

Pratt wandte sich um und warf einen Blick auf die horngeränderte Lesebrille, die sie ihm zeigte. Er zögerte einen Moment. »So? Ja, vielleicht ist es meine. Ich weiß es nicht.«

»Doch, Sir, sie gehört Ihnen.« Das Dienstmädchen, eine ältere Frau – den siebzig näher als den sechzig –, lebte schon seit vielen Jahren im Hause und war der Familie treu ergeben. Sie legte die Brille auf den Tisch.

Pratt griff danach und schob sie ohne ein Wort des Dankes in die Brusttasche hinter das weiße Taschentuch.

Aber das Mädchen ging nicht fort. Sie blieb neben Richard Pratt stehen – genau gesagt, einen halben Schritt hinter ihm –, und es war etwas so Ungewöhnliches in ihrem Benehmen und in der Art, wie sie dort stand, klein, unbeweglich, hoch aufgerichtet, dass ich von einer plötzlichen Vorahnung befallen wurde. Ihr altes graues Gesicht mit dem vorgestreckten Kinn hatte einen frostigen und entschlossenen Ausdruck, die Lippen waren zusammengepresst, und die Hände hatte sie ineinandergekrampft. Die komische Haube auf ihrem Kopf und der schmale weiße Schürzenlatz ließen sie wie ein zerzauster, weißbrüstiger Vogel erscheinen.

»Sie haben die Brille in Mr. Schofields Arbeitszimmer liegengelassen«, sagte sie mit betonter, unnatürlicher Höflichkeit. »Auf dem grünen Karteikasten, Sir, als Sie vor dem Essen allein im Arbeitszimmer waren.«

Es dauerte einige Zeit, bis wir die volle Bedeutung

ihrer Worte erfassten, und in dem Schweigen, das folgte, bemerkte ich, wie sich Mike langsam im Stuhl aufrichtete. Sein Gesicht bekam wieder Farbe, die Augen öffneten sich weit, der Mund wurde hart, und der gefährliche weiße Fleck in der Nähe der Nasenflügel begann sich auszubreiten.

»Bitte, Michael!«, flehte seine Frau. »Bleib ruhig, Lieber! Bleib ganz ruhig!«

Schmeckt es euch nicht?

Es gibt auch traurige Anlässe zum Essen. Ein besonders trauriger war der Leichenschmaus meines Großvaters, weil es noch keine Leiche gab. Dennoch will ich nicht sagen, dass es ein trauriges Essen wurde.

Mein Großvater war von Natur aus ein misstrauischer Mensch. Sein Misstrauen reichte so weit, dass er meinte, wir, seine Familie, könnten uns bei seiner Beerdigung zerstreiten, so dass es unser letztes gemeinsames Essen wäre. Bei der Gelegenheit fiel ihm ein, dass er zu jenem letzten gemeinsamen Essen nicht anwesend sein könnte. Und weil er diese Vorstellung nicht mochte, er aß gerne und bekam selten genug, sagte er zu meinem Vater, er wolle seinen Leichenschmaus vorziehen. Meinem Vater erschien die Idee albern und würdelos. Er vermutete dahinter die ständige Angst meines Großvaters, zu kurz zu kommen, nicht dabei zu sein und überhaupt viel zu wenig vom Leben gehabt zu haben. Mein Vater sagte ihm, das habe ihn schon sein ganzes Leben gestört und er sehe nicht ein, warum er diesen Auswuchs von Selbstdarstellung auch noch feiern solle, das lehne er ab, auch beim letzten Mal. Doch mein Großvater bestand auf dem gemeinsamen Essen, und die beiden Schwestern meines Vaters meinten, man solle ihm seinen letzten Willen erfüllen.

Am Sonntag, es war der Letzte im April, kamen wir im Haus meines Großvaters in Müggelheim zusammen. Ich traf schon gegen neun Uhr morgens aus Hamburg ein. Ich hatte meinen Großvater lange nicht gesehen und wollte ihn gerne noch ein wenig alleine sprechen. Sein Haus kannte ich seit meiner Kindheit. Die Eingangstür war nie abgeschlossen, so dass ich ohne zu klingeln eintreten konnte. Meine Jacke hängte ich an die Garderobe. Es roch anders als früher. Zu den Gerüchen nach Holz, Lack und der sauren Milch, die mein Großvater oft lange aufhob, um sie als Dickmilch zu trinken, hatte sich ein stechend süßlicher gesellt, einer, den ich unvermittelt dem Krebs zuschob.

Der Krebs verursachte meinem Großvater starke Schmerzen. Der größere Tumor befand sich im Hirn, der kleinere im Darm, so dass vom Darm kaum noch etwas vorhanden war. Die Morphine halfen, wie sich in der Familie herumgesprochen hatte, gut gegen die Schmerzen, aber nicht so gut gegen die Angst, die sich in meinem Großvater breitmachte. Ich glaubte, dass diese Angst auf unserer Zusammenkunft lasten würde. Selbst wenn mein Großvater es nicht wahrhaben wollte, hatte sich seine Familie in Wirklichkeit schon lange vor dem Leichenschmaus gänzlich zerstritten. So hatte ich Tante Ruth und ihren Anhang seit frühester Kindheit nicht mehr zu Gesicht bekommen. An ihre Zwillingssöhne, die nicht viel jünger waren als ich, hatte ich keine gute Erinnerung. Die andere Schwester meines Vaters ist seit ihrer Jugend Nonne. Mein Großvater hatte ihr inzwischen wohl verziehen, dass sie Nonne geworden war und nicht Mutter. Aber ich erinnere mich, wie häufig in meiner Kindheit darüber gesprochen wurde. Man fand,

eine Nonne passe nicht in die Familie. In dem Glaubens-
bekenntnis seiner Tochter sah mein Großvater bloßen Spott,
er vermutete in ihm einen niederträchtigen Affront gegen
seine früh verstorbene Frau, die Jüdin gewesen war und es
bei ihren Kindern zu keiner großen Beliebtheit gebracht
hatte.

Da mein Vater weder mit seiner Schwester Ruth noch
mit der Nonnenschwester Sibylle etwas anfangen konnte,
hatte er sich schnell entschieden, bei dem Essen nicht mit-
zumachen. Auch Ruth war kurzerhand eingefallen, dass
sie nicht kommen konnte. Sie ließ uns wissen, sie müsse
dringend zu einem Kongress.

Meine Schuhe zog ich nicht aus. Der Boden im Haus
meines Großvaters gehörte zu den dreckigsten, die ich
kenne. Ich klopfte an die Tür seines Schlafzimmers. Da
er nicht antwortete, drückte ich leise die Klinke hinunter
und trat ein. Er schlief. Er atmete hastig wie ein Säugling.
Die Decke war fest um seine Schultern und den kleinen,
weichen Körper gesteckt, als sei er zugedeckt worden und
hätte sich seither nicht bewegt. Ich strich ihm einige Haare
aus der Stirn, sie waren von kaltem Schweiß verklebt. Dann
drehte ich mich um und wollte das Zimmer verlassen – als
ich neben der Tür meine Tante, Schwester Sibylle, sitzen
sah. Sie hielt den Finger auf den Mund, ich sollte nicht
sprechen. Während wir rausgingen – sie schloss behutsam
die Tür hinter uns –, fragte ich mich, was sie dort wohl
gemacht hatte. Es störte mich nicht, dass mein Großvater
schlief, wenn ich kam, um ihn noch einmal alleine zu sprechen, aber dass Schwester Sibylle dort das Schweigen be-
wachte, das gefiel mir nicht.

Mein Großvater wollte, dass wir seinen Leichenschmaus selbst kochten. Zum Kochen hatte er seine Nonnentochter, meine Zwillingscousins und mich bestellt. Er war sicher, Schwester Sibylle würde sich auf keinen Streit einlassen, und er wusste, meine Cousins und ich hatten uns viel zu lange nicht gesehen, als dass wir uns sofort hätten streiten können. Schließlich wusste mein Großvater, dass wir die einzigen Gäste sein würden.

In der Küche wollte mir Schwester Sibylle zeigen, wie ich den Spargel zu schälen hätte. Mit Verwunderung stellte sie fest: »Ach, das kannst du schon?« Wir schälten eine Weile gemeinsam und schwiegen. Dann fragte sie: »Hast du einen Freund?«

Erstaunt hielt ich mit dem Schälen inne. »Ich habe auch ein Kind. Und du, hast du einen Freund?«

Sie krümmte ihren Mund und sah mich eindringlich durch ihre eckige Brille an. »Du weißt, dass wir keine Freunde haben«, dabei blieb das Lächeln, für das ich ihren gekrümmten Mund hielt.

»Langsam, langsam«, sagte ich und lächelte zurück, »ich weiß, dass ihr keine körperliche Liebe leben sollt. Aber Freunde könnt ihr doch haben?« Sie hatte angesichts meines Lächelns aufgehört zu lächeln, heftete ihren Blick streng auf den Spargel und ließ ihn nicht mehr los, ließ meine Frage einfach im Raum stehen. Etwas später, während sie die Spargelschalen in die alte Zeitung wickelte, sagte sie: »Ich hatte vergessen, dass du ein Kind hast. Ich vergesse so viele Dinge, es tut mir leid.« Ich stand auf, um ihr den Mülleimer zu öffnen.

»Das macht nichts«, sagte ich, »ich merke mir auch nur,

was ich wichtig finde.« Als ich so dicht neben Schwester Sibylle stand, roch ich ihr Fliederparfum, das ich noch von früher kannte, und ich sah sie mir für einen Moment genauer an. Ich fragte mich, ob sie das Fliederparfum für Jesus trug. Ich bewunderte die dünne Haut, die sie im Gesicht hatte. Ihre Haut war so fein, dass man die Äderchen darin erkennen konnte. Auch wenn mir Schwester Sibylle alles andere als angenehm war, hatte ich plötzlich das Bedürfnis, ihre Wangen zu berühren, ich wollte fühlen, ob die Haut so weich war, wie sie aussah.

Kurz darauf trafen die Cousins Lucius und Remus mit dem Lamm ein. Auf Anweisung des Großvaters hatten sie ein ganzes gekauft, denn mein Großvater liebte Lamm, und dieses letzte Lamm sollte ein ganzes sein. Schwester Sibylle machte Feuer im Kamin. Lucius und Remus, die die kleine runde Statur meines Großvaters geerbt haben, legten ihre Jacken ab und zogen sogleich ihre Schuhe aus. Ihre Socken waren an den Zehen feucht. Ich konnte nicht entscheiden, von welchem Paar Füße der stärkere Geruch ausging. Ich sah Schwester Sibylle an, sie lächelte zufrieden über ihr kleines Feuer, und es schien, als würde sie nichts bemerken. Obwohl noch Vormittag war, wurde es draußen immer dunkler. Regenwetter. Wir vergaßen das Licht anzumachen, vielleicht hatte auch niemand Lust dazu. Schwester Sibylle und ich setzten uns in die roten Samtsessel und sahen Lucius und Remus dabei zu, wie sie sich, auf dem Boden vor dem Kamin kniend, an dem Lamm versuchten. Bei näherer Betrachtung meinte ich, es müssten Remus' Füße sein, die rochen. Lucius gefiel mir. Er blickte von dem Lamm, das Remus auf dem Schoß liegen hatte, hoch und mir geradewegs in die Augen. Ich glaubte zu bemerken, wie sein Blick anschließend auf meine Brust fiel, und wölbte sie ihm vorsichtig entgegen.

Die beiden waren mit ihren Händen und bei dem, was sie mit dem Lamm taten, nicht besonders geschickt. Vielleicht gehen sie noch zur Schule, dachte ich. Remus versicherte uns, er habe sich beim Schlachter erkundigt, und der habe gesagt, der Spieß solle vom Maul durch den Leib und zum After wieder hinausgetrieben werden. Aber so sehr sich Lucius bemühte, es gelang ihm nicht, den Spieß durch den Rachen zu bohren. Die beiden Männer kicherten. Lucius entblößte dabei ein schiefes Gebiss, der eine Schneidezahn befand sich nahezu im rechten Winkel zu dem anderen. Remus meinte, Lucius solle ihn mal ranlassen. Also versuchte Remus sein Glück, aber er hatte keines. Während sich Lucius anstrengte, den gehäuteten Leib des Lamms festzuhalten, kniete Remus vor ihm und stocherte zaghaft im Rachen des Tiers. Ich vermute, er hatte Angst, mit einem allzu heftigen Stoß nicht nur das Lamm, sondern auch seinen Bruder aufzuspießen. Hinzu kam, dass Lucius nun eine gewisse Scheu zeigte, das nackte Lamm anzufassen, und so glitt es ihm wieder und wieder aus den Händen. Jede Unterbrechung nutzte er, mich kürzer oder länger anzusehen.

Schwester Sibylle hatte schon länger nichts mehr gesagt, jetzt fragte sie, ob sie helfen könne. Schließlich sei es bereits elf Uhr und das Essen solle doch um eins beginnen. Sie forderte mich auf, das Lamm festzuhalten, und trieb den Spieß mit einem einzigen Stoß durch die Brust hinein und hinten zwischen den Beinen wieder hinaus. Sie tat das so gekonnt, als würde sie in ihrem Kloster tagein, tagaus nichts anderes machen. Ihre zarte Haut war blass geblieben, die feinen Äderchen verliehen ihr einen vornehmen Ton. Remus schluckte und sagte: »Der Schlachter hat doch gesagt, zum Rachen hinein und zum After hinaus.«

Schwester Sibylle antwortete nicht, sie holte aus der Küche die Flasche Olivenöl und die geschälten Knoblauchzehen, rieb das Lamm mit dem Öl ein und bohrte mit einem Messer kleine Löcher in das Fleisch. Ich half ihr, den Knoblauch in die Löcher zu stopfen. Sie schnürte die Beine des Lamms fest an seinen Leib, und gemeinsam hoben wir das aufgespießte Lamm hoch und hängten es über das Feuer.

Aus dem Schlafzimmer hörten wir Großvater, der nach Schwester Sibylle rief. Sie ging zu ihm.

Ich setzte mich wieder in den Sessel. Lucius und Remus krochen auf allen vieren an das Feuer und streckten ihm ihre Füße entgegen. Sie beobachteten mich.

»Ich hab gehört, du hast ein Kind«, fragte Remus.

»Ja«, sagte ich, »Josefa heißt sie.« Ich streckte meine Beine aus und legte sie überkreuz.

»Wie kann man sein Kind Josefa nennen?«, fragte Lucius.

»Warum nicht?«, sagte ich, ich hatte keine Lust, mich mit den beiden Cousins über den Namen meiner Tochter zu unterhalten.

»Und wo ist sie?«, fragte Remus.

»Bei ihrem Vater in Hamburg. Der mag Familientreffen nicht.«

»Gut«, sagte Remus.

Lucius sah mich unschlüssig an. »Seid ihr getrennt?«

»Nein, warum sollten wir getrennt sein?«

»Na, weil es seltsam ist, dass du sie nicht mitgebracht hast.«

Schwester Sibylle kam zur Tür herein, sie musste die Tür mit dem Ellenbogen öffnen, weil sie in den Händen eine Schüssel hielt. Sie gab der Tür einen Tritt, so dass sie ins Schloss fiel, und setzte sich neben mich in den Sessel, die Schüssel stellte sie auf ihren Knien ab. In dem Wasser schwammen zwei Waschlappen. Schwester Sibylle starrte in das Feuer. Sie sagte: »Richtet euch darauf ein, das Lamm allein zu essen, dem Großvater geht es nicht gut.«

»Was soll das heißen? Wir kommen extra angefahren und jetzt will er nicht mitessen?« Remus tat entrüstet, glaubte seine Empörung aber selbst nicht. Ich hatte keine Lust zu lachen, die anderen auch nicht.

»Kann ich zu ihm?«, fragte ich.

»Nein«, sagte Schwester Sibylle rasch, stand auf und brachte die Schüssel ins Bad. »Mal sehen«, sagte sie, als sie wieder hereinkam, »vielleicht sieht es in einer Stunde ganz anders aus.«

Bei mir verstärkte sich der Eindruck, dass es Schwester Sibylle ganz gut gefiel, Bindeglied und Botschafterin zu sein, zwischen ihrem Vater und dem Rest der Welt, die im Augenblick nur aus uns drei Enkeln bestand. Sie ging in die Küche und kam mit einem Sack Kartoffeln zurück. Bintje, mehligkochend. Ich mag mehlige Kartoffeln gar nicht, aber inzwischen dachte ich nur darüber nach, wie ich den Leichenschmaus, bei dem ich meinen Großvater womöglich doch nicht sehen würde und für den ich eigens aus Hamburg angereist war, möglichst schnell hinter mich bringen könnte. Ich bot an, beim Kartoffelschälen zu helfen. Schwester Sibylle lehnte ab. Während Remus ins Feuer blickte, sah mir Lucius unverhohlen in den Ausschnitt. Ich schaute zurück und tastete mit meiner Hand nach dem obersten Knopf, öffnete ihn und ließ die Hand auf dem Dekolleté liegen. »Heiß ist es hier am Feuer«, sagte Schwester Sibylle, ohne aufzublicken. Lucius sah mir in die Augen. Die anderen störten uns nicht, Schwester Sibylle schälte die Kartoffeln, Remus starrte ins Feuer, das Lamm brutzelte, und wir sahen uns an. Schwester Sibylle sagte zu Remus, er solle Öl über das Lamm gießen. Remus tat, wie ihm befohlen.

Schwester Sibylle stand auf und ging mit den Kartoffeln in die Küche. Lucius rückte vom Feuer ab und näher zu mir. Der Geruch von Lamm und Knoblauch überdeckte jetzt die Käsefüße, aber ich musste trotzdem darüber nachdenken, wessen es waren.

»Einer von euch hat Käsefüße«, sagte ich. Remus drehte sich zu uns um, grinste und zeigte auf Lucius. Lucius grinste nicht, zeigte aber auf Remus. Ich glaubte Lucius. Schwester Sibylle kam herein und legte ein frischgebügeltes Tuch über den Tisch. Da wir nur zu viert waren, höchstens zu fünft, mussten wir den Tisch nicht ausziehen. Zwanzig Minuten später, der Tisch war gedeckt, Remus goss in der Küche die Kartoffeln ab und Lucius stocherte in dem Lamm, nutzte ich die Gelegenheit, dass Schwester Sibylle mit ihrer Béarnaise beschäftigt war, und sagte: »Dann hole ich mal den Großvater.«

»Nein«, sagte Schwester Sibylle wieder rasch.

»Doch«, sagte ich, schloss die Küchentür hinter mir und eilte in das Zimmer meines Großvaters.

»Es duftet!«, sagte mein Großvater.

»Wir haben das Lamm mit Knoblauch gespickt«, sagte ich. Er stülpte seine Lippen nach außen und nickte anerkennend. Der süßliche Geruch in seinem Zimmer nahm mir fast den Atem. Mein Großvater saß im Bett, hob mit zwei spitzen Fingern das Ende seiner Decke an und schaute darunter, dann spreizte er die Finger, so dass die Decke zurück auf seine Beine sank. Auch wenn er es nicht ausdrücklich sagte, freute er sich wohl, mich zu sehen. Ich fragte, ob ich ihm helfen könne. Er schüttelte den Kopf, hob wieder seine Decke an, schaute darunter, lächelte und ließ sie wieder sinken. Ich schob ihm die Gehhilfe ans Bett und hängte seinen Katheter an den Griff. Mein Großvater reichte mir beide Hände, sie waren kühl. Dann ließ er meine Hände los. Er winkte mich näher zu sich heran. Ich beugte mich zu ihm und streckte ihm mein Ohr entgegen. Er kam mit seinem Mund näher, ich konnte den Atem spüren, und er flüsterte: »Ich darf keinen Zucker mehr.« Ich nickte, er beugte sich erneut zu meinem Ohr und sagte: »Auch keinen Saft. Tust du mir einen Gefallen?« Ich nickte noch einmal, und er flüsterte: »Wenn du die Balkontür öffnest, siehst du dort rechts hinter dem Kübel mit den Tulpen eine Flasche Apfelsaft. Würdest du mir die geben?« Ich sah ihn an, sah, wie er die Augen senkte, während er lächelte, und drehte mich um.

Hinter dem Kübel hatte er unter einer Plastiktüte zwei Flaschen Apfelsaft versteckt. Ich nahm die eine und gab sie ihm.

»Willst du ein Glas?« Er schüttelte den Kopf, öffnete die Flasche, hob sie an den Mund und trank. Er trank die halbe

Flasche leer, ohne abzusetzen. Mein Großvater war Gärtner gewesen, er hatte trotz der Krankheit noch Kraft in den Armen. Er gab mir die Flasche, und ich stellte sie auf den Balkon zurück. Ich nahm die Strickjacke, die am Fußende seines Bettes lag, und zog sie ihm an. »Strickjacke? Kalt?«, fragte er.

Ich nickte. »Hast du starke Schmerzen?«

Er nickte.

Wir traten gemeinsam in den dunklen Flur. Ich hätte meinem Großvater vielleicht sagen sollen, dass er sich nicht beeilen müsse, aber ich sagte nichts, ich hörte das Schnarren der Gehhilfe und wünschte mir, dass der Flur länger wäre – ich überlegte, was ich meinem Großvater noch sagen könnte oder er mir –, der Flur sollte so lang sein, wie er mir als Kind erschienen war, als ich mich nicht traute, durch ihn hindurchzugehen, weil ich mir nicht vorstellen konnte, dass ich am anderen Ende wieder herauskäme. Mir kam in den Sinn: Ich begleite ihn bei seinem Gang zur letzten Fütterung. Aber das wollte ich nicht sagen. Als ich mit meinem Großvater am Ende des Flurs angelangt war, an der Tür, die in das Kaminzimmer führte, hatten wir kein Wort gesprochen. Ich öffnete die Tür und ließ ihn an mir vorbei ins Zimmer treten. Lucius stand vom Boden auf und begrüßte meinen Großvater: »Opa, lang nicht gesehen! Wie gehts dir, Mensch?« Mein Großvater wackelte ein wenig mit dem Kopf, was nicht viel bedeuten musste, und trat, das Laufgerät vor sich her schiebend, zu seinem Platz, ich half ihm, sich zurechtzusetzen. Schwester Sibylle kam mit der Sauciere herein, gefolgt von Remus, der die Kartoffeln und den Spargel trug.

Schwester Sibylle legte meinem Großvater eine Kartoffel auf den Teller, und der Großvater sagte: »Noch eine.«

»Du isst doch eh nicht mehr«, sagte Schwester Sibylle, sie hörte sich gequält an.

Mein Großvater wiederholte mit lauter Stimme: »Noch eine.«

Sie gab ihm die zweite Kartoffel, und er wiederholte, was er soeben gesagt hatte, so dass sie ihm eine dritte geben musste. Er wiederholte die zwei Worte so lange, bis auf seinem Teller acht große Kartoffeln lagen. Für jeden von uns blieb noch eine Kartoffel übrig. Schwester Sybille sah uns nicht an, als sie die Kartoffeln verteilte. Sie nahm den Spargel und wollte ihrem Vater gerade zwei Stangen auf den Teller legen, da sagte er nein und hielt die Hände über seinen Teller. Zwischen seinen Fingern quoll der Dampf der Kartoffeln empor. Schwester Sibylle schwieg. Sie verteilte den Spargel an uns. Lucius stand auf, er schnitt mit bekannter Ungeschicklichkeit an dem Lamm herum und bot meinem Großvater etwas davon an. Zur Freude meines Großvaters waren einige Teile des Lamms noch blutig. Die wollte er haben. Ehe die Teller von uns anderen gefüllt waren, begann er zu essen. Die erste Kartoffel teilte er noch mit der Gabel und schlang sie in sich hinein, dann legte er das Besteck zur Seite, nahm eine Scheibe vom Lammbraten in die Hand und biss zu, er tunkte das Fleisch in die Béarnaise, biss erneut ab und stopfte sich schließlich mit der ganzen Hand das Fleisch in den Mund. Bisher hatte er uns nicht weiter beachtet, doch nun schaute er hoch, seine Backen waren prall gefüllt, so prall, dass er sie kaum bewegen konnte. Er versuchte etwas zu sagen, dabei fiel ihm ein

Brocken des Fleisches aus dem Mund. Rasch stopfte er ihn mit der Hand wieder zurück. Schwester Sibylles Gesichtsausdruck versteinerte. Sie faltete die Hände und murmelte etwas. Lucius und Remus starrten den Großvater an. Bevor er aber etwas sagte – worauf wir warteten –, stopfte er sich mit der rechten Hand eine weitere Kartoffel und mit der linken mehr Fleisch in den Mund. Roter Saft lief dabei aus seinem Mundwinkel das Kinn herab. Schwester Sibylle hörte nicht auf zu beten, Großvater stopfte sich weiter Essen in den Mund, und ich schnitt dem Spargel seine Köpfe ab, sah immer wieder meinen Großvater an und überlegte, ob ich ihm wohl behilflich sein könnte. Mein Großvater stopfte, kaute, stopfte, kaute, schluckte, bis der Berg vor ihm abgetragen war. In geduckter Haltung verharrte er über seinem leeren Teller und sah uns an. Auf seiner Stirn bildeten sich Schweißtropfen, er wischte sich mit einer Hand über die Lippen und sagte: »Die Kartoffeln waren zu weich.«

Ohne ihn anzusehen, sagte Schwester Sibylle: »Bintje, deine Sorte.«

»Wer sagt das? Ich habe keine Kartoffelsorte. Die Kartoffeln waren zu weich.«

Lucius räusperte sich: »Warum hast du so schnell gegessen, Opa, wir haben doch Zeit.«

Unser Großvater sah Lucius an, dann Remus, dann wieder Lucius, schaute, als würde er ihn eben zum ersten Mal sehen oder seit langer Zeit wieder, und dann sagte er: »Ich nicht.«

»Doch«, sagte Schwester Sibylle und legte, ohne ihn eines Blickes zu würdigen, ihre Hand auf seine, »doch, auch du, Vater.«

Er schüttelte die Hand ab: »Ihr seid doch alle verrückt, Kinder! Ihr denkt, das geht hier immer so weiter. Aber nicht mit mir, hinter mir ist er her, der Tod, mich hat er schon am Schwanz!«

Remus kicherte und verschluckte sich dabei, er musste husten.

Großvater sah zu Remus hinüber, der Schweiß rann ihm in einem feinen Rinnsal die Schläfe herab, dann sah er auf seinen Teller. Er lächelte, ein zartes, entspanntes, seliges Lächeln. »Es ist schön«, sagte mein Großvater, ohne den Blick von Remus zu wenden, »euch noch einmal zu sehen, schön, schön, dass es euch gutgeht, schön zu sehen. Es geht euch doch gut? Aber warum esst ihr denn nicht? Schmeckt es euch nicht?«

Er ließ sich seinen Teller ein zweites Mal füllen, diesmal nur mit Fleisch, weil es keine Kartoffeln mehr gab, und schlang weiter, während der Schweiß von seiner Stirn tropfte, das Hemd erst unter den Armen und – wie ich später bemerkte – auch auf dem Rücken feucht wurde. Nachdem er seinen Teller geleert hatte, schob er ihn von sich und wollte allein in sein Zimmer zurückkehren, keiner von uns durfte ihm helfen, nur die Strickjacke durfte ich ihm über dem nassen Hemd zurechtrücken. Auf dem Flur erbrach er sich, was aber, wie er mir später versicherte, nicht an dem Essen gelegen hatte, vielmehr erbrach er sich zu dieser Zeit täglich, es gehörte dazu. Auch wenn er nichts aß, musste er sich übergeben, was ihm keineswegs angenehmer war. Er ließ das Erbrochene liegen und ging zurück in sein Bett. Ich wischte es weg, Schwester Sibylle sollte nicht alles alleine machen müssen. Und bevor ich das Haus verließ, ging ich noch einmal in das Zimmer meines Großvaters. Der süßliche Geruch ließ mich den Atem anhalten. Es roch nicht nach Erbrochenem, ich meine, es roch nach Krebs. Diesmal war die Decke über ihm nicht festgesteckt und Schwester Sibylle lauerte nicht hinter der Tür, sie wusch in der Küche das Geschirr. Es sah aus, als würde mein Großvater schlafen. Ich ging zu ihm, setzte mich auf sein Bett und streichelte seine Schulter. Er öffnete die Augen zur Hälfte und schaute vor sich hin. So saßen wir fast eine Stunde. Ich konnte mich nicht von ihm wegbewegen. Ich glaubte, er müsste mir noch etwas sagen. Er schwitzte. Er hielt seine Augen geöffnet und den Mund geschlossen. Ich beugte mich zu ihm hinunter, legte meinen Kopf neben ihn auf das Kissen und sah ihn an, aber er wollte meinen Blick nicht erwidern. Ich hob meinen Kopf und hielt mein Ohr ganz dicht an seinen Mund. Ich wartete.

Ehe ich aufstand und aus der Tür ging, aus der Wohnungstür, um zurück nach Hamburg zu meinem Freund und unserer Tochter zu fahren, mit dem Bild vor Augen, wie er vor sich hinstarrte, presste ich noch einmal mein Ohr an seinen Mund, er schob seinen Mund zur Seite, damit die Luft an meinem Ohr vorbeigehen und er sprechen konnte, und mein Großvater sagte: »Ich habe Angst.«

ALICE VOLLENWEIDER, HUGO LOETSCHER

In vino veritas

8. Februar 1975

Liebe Alice,

seit langem habe ich nichts mehr von Dir gehört, aber das liegt mehr an mir als an Dir, denn ich habe nicht nur von Dir keine Post, sondern seit einer Woche überhaupt keine mehr erhalten – einfach deswegen, weil ich verreist bin.

Das ist der Grund, weshalb ich Dir aus Griechenland schreibe. Ich habe hier mehr an Dich gedacht, als Du bereit bist zu glauben. Das hat allerdings keine emotionellen Gründe, sondern, mit Verlaub, rein kulinarische.

Du bist ja eine Verteidigerin des Halbwarmen und Lauen (wir reden von der Küche, versteht sich). Jedenfalls vertrittst Du die Ansicht, es gebe nicht nur die Möglichkeit von warmem Essen und kaltem Buffet, sondern dazwischen eine ganze Skala, und was den halbwarmen Kartoffelsalat betrifft, bin ich ausgesprochen Deiner Meinung.

Hier in Griechenland scheinen sie Tag für Tag nach Deiner Überzeugung zu leben, sofern man sich in das begibt, was eine richtige Taverna ist. Da wird für mittags zwölf Uhr gekocht, dann werden die verschiedenen Gerichte auf eine wärmende Unterlage gestellt und kühlen dort allmählich ab; das ist insofern spannend, als man nie genau weiß, wie warm das Essen ist, das man kriegt.

Aber anderseits hat diese Art des Essens einen ganz anderen Reiz, indem man die Gerichte ausgebreitet sieht, irgendwo in der Ecke der Taverna, und so bestellt man nicht nur von einer Karte her, sondern unter aktiver Beteiligung des Auges und vor allem der Finger, da nun einmal die Reste des humanistischen Griechisch, über die man verfügt, für eine volle Mahlzeit nicht ausreichen. Und die Tavernen, die ich liebe, führen auf den Menükarten, sofern überhaupt solche aufliegen, keine Übersetzung ins Touristen-Deutsch, -Französisch oder -Englisch.

Solche Tavernen erkennt man daran, dass der Retsina aus Fässern ausgeschenkt wird, ein untrügliches Zeichen dafür, dass hier Griechen verkehren. Von dem Wein, den Griechenland produziert, werden im besten Falle fünf bis sieben Prozent in Flaschen abgefüllt, und davon geht erst noch lediglich ein Prozent ins Ausland. Die 90 000 bis 100 000 Tonnen Wein, die sonst exportiert werden, machen die Reise in Fässern; nun dienen sie zum Verschnitt, für den italienischen Vermouth zum Beispiel, kommen aber nicht als griechischer Wein an den Mann und die Frau.

Also: Wo der Retsina aus Fässern serviert wird, dort muss man sich niederlassen. Aber das ist es ja …

Dieser Retsina hat es in sich, oder eben nicht; ich kann mich mit ihm nicht befreunden. Ich will nun nicht in den Fehler von Père Dumas verfallen, der überzeugt war, die Tatsache, dass die Griechen den Wein harzen, habe mythologische Gründe – der Weingott Dionysos trage an seinem Thyrsusstab einen Kienapfel.

Wir wissen natürlich inzwischen, dass das Harz ein Konservierungsmittel ist. Es gibt allerdings eine andere Version: Die Türken, die als gläubige Muslime den Wein nicht duldeten, wollten dieses Getränk ungenießbar machen und schütteten Harz hinein, worauf die Griechen den Wein trotzdem soffen. Das würde ich natürlich nie in einem Artikel schreiben, dafür sind mir die Griechen viel zu lieb – aber in einem Brief kann ich das schon sagen.

Doch nachdem ich in einem Reiseführer gelesen hatte, die griechischen Restaurants würden immer mehr mitteleuropäische Mahlzeiten servieren, und da diese Bemerkung als Trost gemeint war, fühlte ich mich nun anderseits verpflichtet, dem Retsina die Treue zu halten. Ich habe auch festgestellt, dass in manchen Restaurants dieser Wein schon von den Griechen selber schnöde behandelt wird; da habe ich mich entschlossen, es einmal mehr mit ihm zu versuchen und ihn mindestens zu bestellen, wenn auch noch nicht unbedingt, ihn zu mögen.

Aber es fällt mir schwer, mir vorzustellen, dass man von diesem Wein so viel trinkt, dass man am Ende des Gottes voll ist und zu dichten beginnt. Und die griechischen Dichter haben getrunken, sonst hätten sie keine Trinklieder verfasst. Oder sollte es sich etwa wie bei Rousseau verhalten, der zwar einen berühmten Erziehungsroman schrieb, aber mit den eigenen Kindern nichts anfangen konnte?

Beim Wein ist das sicher anders. Wenn ein Anakreon von diesem geharzten Wein zu dichten anfing, dann muss ich den Wein wiederum bewundern; was er vielleicht dem Gaumen nicht gibt, das gibt er der Poesie. Vielleicht hat Pindar doch recht, der den Wein »die Milch der Aphrodite« nennt.

Ich meinte übrigens immer, »in vino veritas« sei eine

römische Erfindung, weil der Satz lateinisch ist. Aber nun habe ich bei Archilochos, einem Zeitgenossen von Sappho, einen Vers gefunden, wo drinsteht, dass Wein und die Wahrheit zusammengehören, und zwar auf Griechisch. Wenn ich an den Retsina denke, erhält dieser Satz für mich plötzlich eine neue Dimension: Ich habe mir die Wahrheit tatsächlich nie bekömmlich vorgestellt.

Aber ich nehme jetzt trotzdem einen Schluck, vielleicht ist dieser Wein und seine Wahrheit etwas, woran man sich nur allmählich gewöhnt.

Hugo

*

15. Februar 1975

Lieber Hugo,

Dein Brief aus Griechenland hat mir wieder einmal gezeigt, wie schön es ist, in Zürich im Kreis 4 zu wohnen. Wenn ich Lust auf griechisches Essen habe, muss ich keine Flugreise unternehmen, sondern kann um die Ecke zu Georg Grivas gehen. In seinem Lebensmittelladen finde ich auf kleinstem Raum alles, was Griechen zum Leben brauchen: Zitronen und Knoblauch, viele Sorten Oliven und Olivenöl, süßes Halva und pikanten Fetakäse, eingesalzene Garnelen und Sardellen und natürlich Retsina und Ouzo. Und weil bei Grivas viele Griechen verkehren, hat der italienische Coiffeur nebenan mit großen Buchstaben »Kureion« auf sein Schaufenster geschrieben.

Wenn Grivas nicht Kunden bedient, ist er in der Küche, die ein schmaler Korridor vom Laden trennt, und kocht dort für seine Frau und für seine drei Kinder, die um zwölf Uhr hungrig aus der Schule kommen. Von ihm erfährt man nicht nur, wie griechische Spezialitäten zubereitet werden, von ihm erfährt man, was Kochen heißt. Schon seine Küche ist vertrauenerweckend: Es gibt darin keine überflüssigen Utensilien – keine Küchenmaschinen, Mixer, Zwiebelschneider, Mandelmühlen und Gemüseraffeln –, nur gutgeschliffene Messer und einen großen Mörser. Den Pfeffer mahlt er in einer alten Kaffeemühle, und eine Zitronenpresse braucht er nicht, weil er die halbierten Zitronen mit dem Messer kreuzweise einschneidet und dann von Hand auspresst.

Das letzte Mal habe ich bei ihm gebratene Zucchetti mit Tzatziki gegessen. Du kennst wahrscheinlich diese mit Knoblauch und Gurke aromatisierte Joghurtspeise, die man mit den faden Schweizer Joghurts nicht nachmachen kann. Grivas hat aber herausgefunden, dass Magermilchquark ein fast vollkommener Ersatz ist. Er nimmt für seine Familie zwei Packungen (500 g), den Viertel einer Gurke und zwei Knoblauchzehen. Die Gurke teilt er der Länge nach in dünne Tranchen, aus denen er sehr kleine Würfelchen schneidet. Den Knoblauch zerquetscht er mit dem Boden eines Wasserglases, streut etwas Salz darüber und quetscht weiter, bis ein feines, saftiges Mus entsteht. Diese schlichte Methode übertrifft jede Knoblauchpresse. Dann rührt er den Quark mit wenig Essig und Olivenöl zu einer dicklichen glatten Masse, die er salzt und mit Gurke und Knoblauch vermischt. Das Tzatziki ist fertig und wird für eine Stunde in den Kühlschrank gestellt, damit die verschiedenen Aromen sich ganz durchdringen können.

Dass man zum Kochen Zeit und Geduld braucht, ist eine alte Weisheit, die in der griechischen Küche, wie ich sie bei Grivas kennengelernt habe, besonders respektiert wird. Da gibt es keine Blitzgerichte. Grivas sagt: »Meine Frau kann in zehn Minuten ein Mittagessen kochen; aber sie braucht Chemikalien.« Darunter versteht er Suppenwürfel und Ähnliches. Er selber destilliert seine Brühen aus Knochen, billigem Fleisch, Gemüsen und Kräutern, die er stundenlang auf seinem Herd kochen lässt. Auch die rohen Zutaten werden nicht unbesehen verwendet, sondern aufs Kochen vorbereitet. Die Zucchetti zum Beispiel werden vor dem Braten in Tranchen geschnitten, mit Salz bestreut und eine Viertelstunde liegen gelassen, damit ein Teil ihres Saftes austreten kann. So bekommen sie beim Braten – man wendet sie vorher rasch im Mehl – eine besonders schöne Kruste und einen intensiven Geschmack.

Wir haben die gebratenen Zucchetti von Hand ins kühle Tzatziki getunkt und Brot dazu gegessen. Getrunken haben wir Wasser; denn die Griechen, sagt Grivas, haben Wasser über alles gern. Warum schreibst Du nur vom Wein?

Alice

PS: Wenn Du das nächste Mal nach Griechenland reisest, habe ich eine Bitte: Bring mir ein wenig griechischen Origano mit. Er riecht und schmeckt viel besser als der italienische, und Grivas führt ihn nur zu seinem Hausgebrauch.

*

Liebe Alice,

da sitze ich in Griechenland und schreibe Dir einen Brief, zwar nur über den Wein, aber ich wollte Dir in einem späteren mitteilen, wie sich das Essen auf Griechisch ausnimmt, und dann erfahre ich von Dir, dass Du für ein gutes griechisches Gericht in Zürich einfach um die nächste Ecke zum Händler Grivas gehst.

Schön. Der Zufall will, dass ich jetzt in Lissabon sitze, und nun bin ich neugierig, um welche nächste Ecke in Zürich Du jetzt gehst.

Ich für meinen Teil gehe gar nicht einfach um die nächste Ecke, sondern ein bisschen weiter. Ich gehe zu jenem Lift, den Herr Eiffel gebaut hat, jawohl, der Eiffelturm-Eiffel, und mit seinem Lift fahre ich von der Unterstadt in die Oberstadt, zu jenem Punkt, wo die Carmo steht. Die Ruinen dieser Kirche sind für die Lissabonner, was die Gedächtniskirche für die Berliner ist, nur dass die Carmo an das berühmteste Erdbeben des 18. Jahrhunderts erinnert, und was Katastrophen betrifft: wenn schon, dann lieber solche, welche die Natur macht, als die, welche die Menschen bewerkstelligen.

Und dann gehe ich immer noch nicht einfach um die nächste Ecke, sondern ich suche mir ein Restaurant, wo es das zu essen gibt, auf was ich mich schon freue, nämlich Schweinefleisch auf Alentejo-Art, oder wenn Du es im Original haben willst: »Carne de porco alentejana«.

In einem meiner Reiseführer gibt es auch ein Kapitel über die Küche, und da ist dieses Schweinefleisch erwähnt, aber man liest: »Wird in jeder Aufmachung geboten.« Das ist sehr respektlos; stell Dir vor, man würde von einer Frau sagen: »Kommt in jeder Aufmachung daher.« Natürlich kann man mit dem Schwein aus Alentejo alles machen, es ist schließlich wehrlos, wenn es in die Hand der Köchinnen und Köche kommt, aber es gibt meiner Meinung nach nur eine Aufmachung, die dem Schwein vorzüglich steht.

Man muss dafür das Schweinefleisch in kleine Stücke schneiden und in Weißwein einlegen. Danach brät man es mit viel Tomaten und Paprika, aber der Clou ist die Sauce. Denn das Fleisch wird mit einer Muschelsauce serviert, in die man viel Zitrone tut.

Frag mich jetzt nur nicht, wie man das Gericht genau herstellt. Mehr weiß ich nämlich nicht. Falls Du keinen portugiesischen Spezereihändler in Zürich triffst, könntest Du Dich ja an Ort und Stelle erkundigen: in der Provinz Alentejo. Die heißt so, weil sie jenseits des Tejo liegt, des Flusses, der sich bei Lissabon zum Meer öffnet. Also, statt dass Du um die nächste Ecke gehst, gehst Du einfach über den Fluss, dann bist Du in der Provinz Alentejo, aus der ein Drittel der portugiesischen Schweine und Hühner kommt. An dem soll's nicht fehlen, und Du wirst sehen, dass Dir das Gericht schmecken wird.

Als dem Pass und der Zunge nach geborenem Binnenländer gefallen mir solche Gerichte besonders, weil sie etwas zusammenbringen, das wir bei uns streng trennen – das, was aus dem Wasser kommt, und das, was auf der Erde herumläuft. Die portugiesische, das heißt die iberische Küche aber tut Fisch und Vogel zusammen, Meertiere und Fleisch, wie eben bei der »Carne de porco alentejana«.

Es ist das, was ich ein Amphibien-Essen nenne, und als

Partnerin wäre logischerweise dafür am ehesten eine Nixe geeignet.

Die Muschelsauce ist auf alle Fälle exquisit. Wobei mir einmal mehr hochkommt, dass ich das Wort »Miesmuschel« nicht mag, ich weiß nicht, warum. Ich gebe dem Wort »moule« den Vorzug, obwohl dies im übertragenen Sinn auch »Dummkopf« heißen kann, was nun nicht bedeutet, dass Du in Zukunft »Moules marinières« mit »Dummkopf-Suppe« übersetzen kannst. Unter einer Dummkopf-Suppe stelle ich mir eher ein politisches Gericht vor, wobei ich zwei Arten unterscheiden würde: die, die man sich selber einbrockt, und die der andern, die man auslöffeln muss; das gäbe auch einmal eine Rezeptsammlung.

Aber mit der portugiesischen Mexilhão stellen sich solche Fragen nicht. Ich mag das Wort schon wegen der Art, wie es ausgesprochen wird. Das Portugiesische hat ja sehr viele Zischlaute, und ich bin überzeugt, die vielen Nasale und die verschleifende Art, die Wörter auszusprechen, hängen damit zusammen, dass es ein seefahrendes Volk ist, sie haben den Wind und das Wasser in die Aussprache übernommen.

Nun aber gehe ich zu meiner »Carne de porco alentejana«. Ich habe mich allerdings gar nicht so rasch für dieses Gericht entschieden. Als andere Möglichkeit steht eines der Bacalhau-Gerichte zur Wahl, eines von 365, so viele gebe es, behauptet man. Aber da ich nur drei Wochen in Portugal bin, und selbst wenn ich täglich zwei verschiedene Bacalhau-Gerichte essen würde, käme ich nur auf rund zehn Prozent der zur Auswahl stehenden Stockfischgerichte. Also kommt's auf eines mehr oder weniger auch nicht an, und so habe ich mich eben für die »Carne de porco alentejana« entschieden. Aber morgen kommt dann der Stockfisch dran.

Bis zum nächsten Stockfisch

Hugo

T. CORAGHESSAN BOYLE

Erbärmlicher Fugu

L abbriger Radicchio.«
»Erbärmlicher Fugu.«
»Eine Blasphemie aus Feldsalat, Frisée und Endivie.«
»Kulebiaki direkt aus der Hölle.«

Seit einem halben Jahr kannte er nur ihr Pseudonym –
Willa Frank – und die ätzende Schärfe ihrer Adjektive, die
höhnische Wucht ihrer Metaphern, die kalte Präzision ihrer
Substantive. Egal, um was für ein Gericht es sich handelte,
egal, wie zuverlässig und genial der Koch war, wie frisch
und erlesen die Zutaten, sie hatte immer etwas auszusetzen.
»Die Ente war zu etwas verbrutzelt, was man als Bodensatz
in den tiefsten Tiefen einer Graburne zu finden erwarten
würde.« – »Bei ihrer eher beißenden Pikantheit hätte die
Orangensauce ebensogut auch aus in Salzlake mariniertem
Zitronat bereitet sein können.« – »Sind *Pasta* und *Paste*
Synonyme? Wohl kaum. Bei ›Udolpho‹ jedoch war der
Unterschied praktisch nicht zu bemerken. Die ›frischen‹
Vermicelli hatten die Konsistenz von Gummiarabikum –
und schmeckten auch so.«

Albert erbebte beim Lesen dieser sarkastischen Ur-
teilssprüche, er zitterte und wurde kreidebleich, und das
Herz sank ihm in die Hose wie eine Kartoffelkrokette in
eine Friteuse mit heißem Fett. An dem Morgen, an dem

ihr Verriß von »Udolpho« erschien, saß er bei einer Tasse aufgewärmtem Espresso und knabberte an einem Eckchen Haselnuß-Baiser, das den Andrang vom Abend zuvor überlebt hatte. Wie immer am Freitag hatte er die Zeitung von der Fußmatte geholt, sich etwas zu essen genommen und dann, voll des tollkühnen Wagemuts, mit dem man zum Sprung in einen eisigen See ansetzt, die Kolumne »Essen und Trinken« aufgeschlagen. Jede zweite Woche trat Willa Frank diese Rubrik an die andere Rezensentin der Zeitung ab; Leonora Merganser, eine großherzige, verständnisvolle Frau, betrachtete jedes Restaurant mit den Augen einer Mutter von acht Kindern, die am Muttertag von ihrer Familie zum Essen eingeladen wird, und verfaßte Loblieder in einem atemlosen, speichelfeuchten Redeschwall, der den Leser aus dem Sessel hinaus direkt ans Telefon schwemmte, wo er sich sogleich hektisch einen Tisch reservieren ließ. Doch diese Woche war Willa Frank an der Reihe. Und Willa Frank gefiel es nirgends.

Mit zitternden Fingern – es war nur eine Frage der Zeit, bis sie sich wie eine Spionin, wie eine Mörderin, bei »D'Angelo« einschleichen und ihn wie all die anderen zerfleischen würde – strich er die Seite glatt und starrte auf die großen schwarzen Lettern der Überschrift:

UDOLPHO: HÖHLENMENSCHEN-CUISINE
IN GRUFT-ATMOSPHÄRE

Er las weiter, mit einem Kloß im Hals. Sie hatte dem Restaurant drei Besuche abgestattet, einmal in Gesellschaft eines abstrakten Malers aus Detroit und zweimal mit ihrem ständigen Begleiter, einem jungen Mann mit so feinen Geschmacksnerven, daß sie ihn stets nur als »Der Gaumen« bezeichnete. Bei allen drei Gelegenheiten war sie – schnüff – enttäuscht worden. Die Jahrhundertwende – Gaslampen, einst von Udolphos Großvater aus Neapel mit herübergebracht, hatten ihr mißfallen (»so düster, daß wir witzelten, es wäre wie ein Abendessen bei den Neandertalern im zweiten Kellergeschoß der Höhle«), ebenso das flackernde Feuer in der aus Stein gemauerten, mächtigen Feuerstelle, die den Raum beherrschte (»überall Qualm, außerdem stank es nach verkohlten Kastanien«). Und dann das Essen. Als Albert zu dem Satz über die Pasta kam, konnte er nicht weiterlesen. Er faltete die Zeitung so behutsam, wie er das Leichentuch über Udolphos zermalmten Körper gebreitet hätte, und legte sie beiseite.

In diesem Moment trat Marie durch die Schwingtür in die Küche, in der Hand die nasse Stoffserviette, die sie zum Geschirrspülen benutzt hatte. »Albert?« fragte sie aufgeregt und blickte beunruhigt erst auf sein gramerfülltes Gesicht, dann auf die Zeitung. »Stimmt etwas nicht? Hat sie … ? Heute?«

Sie vermutete das Schlimmste, daher korrigierte er sie, aber es klang so kummervoll, als wäre es sein letzter Atemzug: »Udolpho.«

»Udolpho?« Erleichterung schwang in ihrer Stimme mit, machte aber umgehend ungläubiger Empörung Platz. »Udolpho?« wiederholte sie.

Traurig wiegte er den Kopf. Dreißig Jahre lang hatte »Udolpho« unter den Restaurants auf der West Side unangefochten regiert; ein Lokal, das sich von keinen Moden und Trends vereinnahmen ließ, niemals schick, aber beständig – von einer Klasse, die keine *nouvelle mangerie* in Pastelltönen und mit Breuer-Stühlen je erreichen konnte. Cagney hatte dort gegessen, Jimmy Durante, Roy Rodgers, Anna Maria Alberghetti. Es war ein Schrein, eine Institution.

Albert selbst hatte als feister, unglücklicher Zwölfjähriger, den alle wegen seines Bäuchleins und seines gigantischen, unstillbaren Appetits verspotteten, die größte Offenbarung seines Lebens bei einem von Udolphos dunklen, verrauchten und – für ihn jedenfalls – unvergeßlich exotischen Festmahlen erlebt. Beim Kosten der Vermicelli mit Öl, Knoblauch, Oliven und Waldpilzen, des Ossobuco mit den kleinen gedrehten Farfalloni zum Aufsaugen der butterschweren Sauce hatte er gewußt – ebenso sicher wie Alexander der Große gewußt hatte, daß er zum Erobern geboren war: er, Albert D'Angelo, war zum Essen geboren. Und das war auch nichts, dessen er sich hätte schämen müssen: es war großartig, Berufung und Zeitvertreib zugleich, es war der höchste Gipfel seines Strebens. Andere Jungen hatten Sportleridole wie Snider und Mays, Reese und Mantle, doch für Albert lauteten die magischen Namen Pellaprat, Escoffier, Udolpho Melanzane.

Ja. Und nun war Udolpho nichts mehr. Dafür hatte Willa Frank gesorgt.

Marie beugte sich vor und las den Artikel, ihre piepsige Mädchenstimme bebte vor Entrüstung. »Die ist auch mit nichts zufrieden.«

Albert zuckte die Achseln. Seit der Eröffnung von »D'Angelo« vor anderthalb Jahren hatte ihn die Presse praktisch ignoriert. Na ja, bis auf einen Absatz in ›Barbed Wire‹, dem alternativen Wochenblatt, das von Typen mit fettigen Haaren und mit Metallstiften im Nasenflügel an den Straßenecken verteilt wurde, aber das konnte man wohl kaum zählen. Es gab nur eine Zeitung – Willa Franks Zeitung –, die wirklich wichtig war; Mundpropaganda mochte noch so gut sein, ohne einen Artikel in *der* Zeitung war man ein toter Mann. Das Problem war nur: Wenn Willa Frank über einen schrieb, war man es ebenfalls.

»Vielleicht kriegst du die andere«, sagte Marie unvermittelt. »Wie heißt sie noch – die nette.«

Alberts Lippen bewegten sich kaum. »Leonora Merganser.«

»Wäre doch möglich.«

»Ich will Willa Frank«, fauchte er.

Marie runzelte die Stirn. Sie faltete die Zeitung zusammen und ging zu ihm hin, stieß sich leicht von seinem Bäuchlein ab und hauchte ihm einen Kuß auf den Bart. »Das kann doch nicht dein Ernst sein?«

Albert sah sich verbittert im Restaurant um: schlichte Holztische, weißgetünchte Wände, Topfpalmen, weich im Licht der Morgensonne. »Leonora Merganser würde in der Hamburgerbude an der Ecke in Ekstase fallen, in ›Long John Silvers Fischkneipe‹, überall. Das ist doch keine Herausforderung.«

»Herausforderung? Aber wir brauchen doch keine Herausforderung, Liebling – wir brauchen Kundschaft, stimmt's? Ich meine, wo wir doch heiraten wollen und so –«

Albert setzte sich schwerfällig und nahm kläglich einen

Schluck von seinem kalten Espresso. »Ich bin ein guter Koch, oder?« Irgend etwas in seinem Tonfall verriet ihr, daß es nicht nur eine rhetorische Frage war.

»Ach, Liebling«, sie saß jetzt auf seinem Schoß, zupfte an seinem Haar, das Gesicht dicht an seinem Ohr, »natürlich bist du das. Der Beste. Der Allerbeste. Aber –«

»Willa Frank«, knurrte er. »Willa Frank. Ich will sie.«

Es gibt Abende, da fügt sich eins ins andere: da ist der Seeteufel so frisch, daß er sich auf dem Grill fast von selbst zerlegt, das Pesto ist wie ein Windhauch im Pinienwald, und die Acht-Personen-Gesellschaft bekommt ihre sieben Vorspeisen und sechs Hauptgerichte in einer Palette aus zarten Farben und dampfenden Schwaden so perfekt serviert, als hätte ein einziger Gast zu einem einzigen Gang Platz genommen. Heute jedoch war nicht so ein Abend. Es war ein Abend, an dem alles schiefging.

Es fing damit an, daß ärgerlicherweise Eduardo – der chilenische Kellner, der nach der Manier von Chico Marx hie und da ein unnötiges A an seine Worte anhängte, um so als Italiener durchzugehen – zu spät erschien. Deshalb geriet Marie mit den Desserts, für die sie allein zuständig war, aus dem Zeitplan, denn sie mußte das erste halbe Dutzend Gäste an die Tische geleiten und bedienen. Als nächstes stellte Albert kurz nacheinander fest, daß ihm das Mesquiteholz zum Grillen ausgegangen war, außerdem die sonnengetrockneten Tomaten für die Fusilli mit Pilzen, Kapern, schwarzen Oliven und, nun ja, sonnengetrockneten Tomaten eben, und daß die frische Sahne für die Frittata piemontese rätselhafterweise sauer geworden war. Schließlich, gerade als er sein inneres Gleichgewicht und jenen erhabenen Geisteszustand wiedergefunden hatte, in dem Körper und Verstand eins sind, flippte Roque aus.

Von den fünf Angestellten des Restaurants – Marie, Eduardo, Torrey, die tagsüber sauber machte, Albert selbst und Roque – hatte Roque die wohl elementarste Funktion inne. Er war der Tellerwäscher. Tellerwäscher aus Yucatán. Der dafür verantwortlich war, daß das rosagraue Geschirr bei »D'Angelo«, schweres Porzellan aus Syracus, sich während des abendlichen Trubels in ständigem Kreislauf befand. An diesem speziellen Abend jedoch nahm Roque die Herausforderung, die diese Aufgabe mit sich brachte, nur höchst widerwillig an: wie im Traum kratzte er an den Tellern herum und handhabte er die Düse seines Druckstrahlers. Und nicht nur bewegte er sich so langsam, daß das Geschirr, voller Fettränder und Resten von roter und weißer Sauce, sich neben ihm auftürmte wie die Watts Towers, obendrein murmelte er ständig vor sich hin. Finster. In einem so fremden Dialekt, daß selbst Eduardo kein Wort verstand.

Als Albert ihn zur Rede stellte – ein wenig zu schroff vielleicht, er war ja selbst überlastet –, explodierte Roque. Albert hatte nichts weiter gesagt als: »Roque – ist irgendwas?« Aber ebensogut hätte er Roques Mutter, seine vierzehn Schwestern und sein Heimatdorf beleidigen können. Fluchend stieß sich Roque von dem Becken aus rostfreiem Stahl ab, riß sich die Schürze vom Leib und ging daran, Teller gegen die Wand zu schmettern. Erst mit den vereinten Kräften von Alberts zwei Zentnern und Eduardos zweiundachtzig Kilo gelang es, Roque, der samt Schaftstiefeln nicht mehr als vierundfünfzig Kilo wiegen konnte, hinaus in die Gasse hinter dem Lokal zu befördern. Gemeinsam knallten sie ihm die Tür, auf die er dann noch eine halbe Stunde lang mit seinem Stiefel einprügelte, vor der Nase zu, während Marie mit einem Seufzer nach dem Geschirrtuch griff. Eine Katastrophe. Rein, unverfälscht, ohne Einschränkung. Der Abend war eine Katastrophe.

Albert hatte gerade wieder etwas Zeit wettgemacht, da kam Torrey durch die hintere Tür in die Küche getappt, die knochige Hand zum Gruß erhoben. Torrey, eine blasse, eingefallene Neunzehnjährige mit einer knallrot gefärbten Igelfrisur, sprach mit dem quäkenden Tonfall und den flachen Vokalen der geborenen Angelinos. Sie wollte einen Vorschuß.

»Momento, momento«, sagte Albert und huschte an ihr vorbei, in der einen Hand einen Topf voller Béarnaise, in der anderen ein Mayonnaiseglas mit grellorangefarbenem Seeigelrogen. Beim Kochen gebrauchte er gern sein rudimentäres Italienisch. Es gab ihm das Gefühl, als könnte ihm nichts etwas anhaben.

Unterdessen schlurfte Torrey etwas ratlos durch die Küche und stellte sich hinter das runde Fenster des rechten Schwingtürflügels, von wo sie, solange sie nichts Besseres zu tun hatte, die Gäste beim Essen, Trinken, Rauchen und Befingern der Torten beobachtete. Die *Sauce béarnaise* bildete eine wunderschöne Lache auf dem Teller mit der Portion gedünstetem Sommerkürbis, der Seeigelrogen war ein spitz zulaufender Klecks auf dem Seeteufelfilet, das dampfend in der Vertiefung der Anrichteplatte lag, und Albert überlegte gerade, ob er Torrey einen Sondertarif anbieten sollte, falls sie zum Geschirrspülen dabliebe, als sie einen leisen Pfiff ausstieß. So pfiff man nicht nach einem Taxi und auch nicht bei einem Popkonzert, sondern es war die Sorte Pfiff, die Überraschung oder Erschrecken ausdrückt – ein Pfiff vom Typ »Nicht zu fassen, Mensch!«. Albert erstarrte. Etwas Gräßliches lag in der Luft, das wußte er, genauso wie er wußte, daß sich die Härchen rings um die kahle Stelle auf seinem Kopf mit einem Mal sträubten.

»Was denn?« wollte er wissen. »Was ist los?«

Torrey drehte sich zu ihm um, langsam wie ein Scharfrichter. »Ihr habt ja heute Willa Frank zu Gast – läuft alles gut?«

Der Seeteufel fing Feuer, die Béarnaise wurde flüssig wie Wasser, Marie ließ zwei Tassen Kaffee und einen Teller mit hausgemachtem Blätterteiggebäck fallen.

Egal. Im nächsten Augenblick drängten sich alle drei vor dem kleinen runden Fenster und spähten so angestrengt hindurch wie Torpedoschützen durch ihr Periskop. »Welche ist es?« zischte Albert, dessen Herz raste.

»Da drüben?« sagte Torrey in fragendem Ton. »Mit Jock – Jock McNamee? Der da mit der blonden Perücke?«

Albert spähte, konnte aber nichts sehen. »Wo? Wo?« rief er.

»Da? In der Ecke?«

In der Ecke, in der Ecke. Albert sah eine junge Frau, ein Mädchen, eine Blondine in einem schwarzen Cocktailkleid ohne BH, die gegenüber einem massigen Riesen mit einer von wasserstoffblonden Strähnen durchzogenen Bürstenfrisur saß. »Wo?« fragte er noch einmal.

Torrey zeigte hin.

»Die Blondine?« Er sah, wie neben ihm Marie erbleichte. »Aber das kann doch nicht …« Ihm fehlten die Worte. *Das* war Willa Frank, die Doyenne der Feinschmecker, die Grande Dame der Haute Cuisine, die gnadenlose Verfolgerin alles Fehlerhaften, Unausgereiften und Mißlungenen? Und dieser Lümmel neben ihr, der mit den großen, mahlenden Kiefern und den keulenartigen Unterarmen – *das* sollte der Besitzer des feinsten, wählerischsten, verwöhntesten und heikelsten Gaumens in der ganzen Stadt sein? Nein, einfach unmöglich.

»Weil, ich kenn' den nämlich, ja?« sagte Torrey. »Jock, ja? Einer aus dem Anti-Club, aus dieser Ecke, alles klar?«

Aber Albert hörte nicht zu. Er beobachtete sie – Willa Frank – so gebannt wie der Rohrsänger, der es wagt, der Kobra in die Augen zu blicken. Sie war schmal, hübsch, mit Augen, so dunkel wie die einer Huri, jede Menge Schmuck – ganz und gar nicht, was er erwartet hatte. Er hatte sich eine blasse, elegante Mittfünfzigerin vorgestellt, etwas steif, patrizisch, aus Boston oder Newport, so in der Gegend. Aber Moment, Moment: Eduardo servierte gerade das Essen – für sie natürlich die Spinatkutteln –, ein gutes Gericht, ein Gericht, zu dem er jederzeit stehen konnte, selbst an schlechten Tagen wie … aber der »Gaumen«, was hatte der bestellt? Albert beugte sich angestrengt vor, spürte dabei Maries haltlose, kraftlose Hand, die matt die seine drückte. Aha: die Kalbspiccata, ja, eine sehr gute Wahl, eine hervorragende Wahl. Ja. Ja.

Eduardo entfernte sich mit einer Verbeugung. Der große Kerl mit der Punkfrisur beugte sich über seinen Teller und schnupperte daran. Willa Frank – blond, entzückend, tödlich – zerschnitt eine Kuttel und hob die Gabel an die Lippen.

»Sie fand es gräßlich. Das weiß ich. Das weiß ich.« Albert wiegte sich auf dem Stuhl vor und zurück, das Gesicht in den Händen verborgen, die Haartolle ringelte sich auf seiner Stirn wie die Klaue eines Aasgeiers. Es war nach Mitternacht, das Restaurant geschlossen. Er saß in der Küche inmitten des Chaos, zwischen Abfällen und Spülicht, es roch nach erkaltetem Fett und alten Gewürzen, und er schnappte schluchzend und keuchend nach Luft.

Marie stand auf und massierte ihm den Nacken. Die süße, honigsamtene Marie mit ihren kräftigen, festen Armen und anmutigen Handgelenken, mit ihrem üppigen, wohlproportionierten Körper – sein Trost in einer Welt von Willa Franks. »Ganz ruhig«, sagte sie immer wieder, murmelte beschwichtigend auf ihn ein, »ganz ruhig, es war gut, wirklich.«

Er hatte versagt, und er wußte es. Warum ausgerechnet an diesem Abend? Warum konnte sie nicht kommen, wenn alles wie am Schnürchen klappte, wenn er einen klaren Kopf hatte, wenn der Tellerwäscher nüchtern und die Sahne frisch war und das Mesquiteholz sich hoch neben der Wand stapelte – wenn er sich konzentrieren konnte, zum Teufel? »Sie hat die Kutteln nicht aufgegessen«, sagte er verzweifelt. »Und das gegrillte Gemüse auch nicht. Ich hab' mir den Teller angesehen.«

»Sie kommt ja wieder«, sagte Marie. »Mindestens drei Besuche, das weißt du doch.«

Albert fischte nach einem Taschentuch und putzte sich

traurig die Nase. »Ja«, sagte er, »drei Schläge, und du bist am Ende.« Er verdrehte den Hals, um zu ihr aufzusehen. »Der ›Gaumen‹, dieser Jock oder wie der Arsch heißt, der hat die Piccata gar nicht probiert. Einen Bissen höchstens. Die Pasta genausowenig. Eduardo meinte, außer dem Brot hat er nichts angerührt. Und getrunken hat er eine Flasche Bier.«

»Der versteht doch gar nichts«, sagte Marie. »Und sie auch nicht.«

Albert zuckte die Achseln. Er erhob sich mit Mühe, als wäre er auf den Scheiterhaufen seiner Niederlage gebunden, goß sich ein Glas Orvieto ein und nahm von einem Teller mit übriggebliebenem Kalbsbries. »Sie versteht alles«, erwiderte er niedergeschlagen, das Fleisch wie Butter in seinem Mund, duftig, nussig, unaussprechlich gut und genau richtig. Wieder zuckte er die Achseln. »Oder nichts. Was macht das schon? Wir werden so oder so verheizt.«

»Überhaupt ›Frank‹? Was ist denn das für ein Name? Ist das nicht deutsch? Was meinst du?« Marie hatte auf Angriff geschaltet, sie schritt auf dem Linoleum auf und ab wie ein Feldmarschall auf der Suche nach einer Schwachstelle in den feindlichen Linien, nach der Gelegenheit zum Durchbruch. »Die Franken – das waren doch in der Oberschule diese Barbaren, die Rom geplündert haben? Oder Paris?«

Willa Frank. Der Name lag ihm bitter auf der Zunge. Willa, Willa, Willa. Es war ein knochiger Name, karg und hager, bar jeder Sinnlichkeit, die Antithese der runden, vollmundigen Leonora. Es sprach daraus eine knotige, puritanische Zähigkeit, eine Verleugnung des Fleisches, kein Kompromiß im Angesicht der Versuchung. Willa. Wie konnte er sich je erhoffen, eine Willa zu betören? Und dann Frank. Das war sogar noch schlimmer. Ein Männername. Kalt, abweisend, deutsch, französisch. Es war der Name einer Frau, die ihre Aufgabe nicht durch Nächstenliebe oder Mitgefühl komplizieren würde. Nein, es war der Name einer Frau, die ihre Adjektive wie Keulen einsetzte.

Während Albert in solcherlei säuerlichen Erwägungen schmorte, dabei aß, aber nichts mehr schmeckte, wurde er durch ein Geräusch von der Hintertür aufgeschreckt. Er packte eine Kasserolle, durchmaß rasch die Küche – Was denn noch? Wollten sie ihn nun auch noch ausrauben, war es das? – und riß die Tür auf.

Im fahlen Licht der engen Gasse standen zwei kleine dunkelhäutige Männer, von denen der kleinere Roque so ähnlich sah, daß er ein Klon hätte sein können. »Hallo«, sagte der etwas größere und zog sich eine schmierige Baseballmütze vom Kopf, »ich heiße Raul, und das hier« – er zeigte auf seinen Begleiter – »ist Fulgencio, ein Cousin von Roque.« Bei Erwähnung seines Namens grinste Fulgencio. »Roque ist nach Albuquerque gefahren«, fuhr Raul fort, »er läßt sich entschuldigen. Aber er schickt Ihnen seinen Cousin Fulgencio, der wird für ihn das Geschirr spülen.«

Albert trat von der Tür zurück, und Fulgencio, der unter Grinsen und Kopfnicken die Bewegungen des Tellerwaschens nachahmte, kam herein. Immer noch grinsend und nickend machte er ein paar Sambaschritte durch die Küche, holte den Schlauch des Druckstrahlers aus der Verankerung, als zöge er ein Schwert aus der Scheide, und fiel mit einer Energie über das Geschirr her, die seinen auch recht quirligen Cousin hätte erblassen lassen.

Einen langen Moment betrachtete Albert ihn schweigend, vergaß die hinter ihm stehende Marie und sah nicht, wie Raul zum Abschied winkte und leise die Tür schloß. Auf einmal fühlte er sich erlöst, neugeboren, zu allem fähig. Hier war Fulgencio, vor kaum zwei Minuten noch ein vollkommen Fremder, und jetzt wusch er ab, als wäre er dazu geschaffen. Und da war Marie, die ihm auch beistehen würde, wenn er Kakteen und Eidechsen für die Heiligen der Wüste kochen müßte. Und da war er selbst, mit all seiner männlichen Kraft, geschickt, erfahren, einfallsreich, möglicherweise einer der großen kulinarischen Künstler seiner Zeit. Was war eigentlich los mit ihm? Weshalb jammerte er herum?

Er hatte Willa Frank gewollt. Na gut, er hatte sie bekommen. Aber an einem verpatzten Abend, an der Sorte Abend, wie sie jedem passieren konnte. Kein Mesquiteholz. Die Sahne sauer, der Tellerwäscher verrückt. Selbst Puck, selbst Soltner hätte da nicht viel ausgerichtet.

Sie würde wiederkommen. Noch zweimal. Und er würde für sie bereit sein.

Die ganze Woche über hing eine Wolke der Erwartung über dem Restaurant. Albert übertraf sich selbst und steckte die Grenzen seiner norditalienischen Nouvelle Cuisine mit einem Dutzend zusätzlicher Kreationen neu ab, darunter eine sehr aufregende *Pasta al nero* mit gegrillten Crevetten, ein würziger Hasentopf und ein absolut überwältigendes Rebhuhn in einer Marinade aus Schalotten, Weißwein und Minze. Er arbeitete wie ein Besessener, zu Höchstem inspiriert. Jeden Abend bot er sieben verschiedene Vorspeisen und sechs Hauptgerichte an, und zwar jedesmal andere. Er übertraf sich selbst wieder und wieder.

Der Freitag kam und ging. In der Morgenzeitung bejubelte Leonora Merganser irgendeinen Griechen in North Hollywood, wobei sie die *Spanakópitta* derart feierte, als wäre sie erst gestern erfunden worden, und in den Falten eines marinierten Weinblatts Zeichen göttlichen Wirkens entdeckte. Fulgencio schrubbte mit Leidenschaft die Töpfe, Eduardo kultivierte seinen Akzent und schob die Brust vor, Maries Desserts schwebten geradezu über den Tellern. Und Tag für Tag schwang sich Albert zu neuen Höhen auf.

Am Dienstag der folgenden Woche – es war ein ruhiger Dienstag, einer der ruhigsten, an den Albert sich erinnern konnte – tauchte Willa Frank wieder auf. Nur zwei weitere Tische waren besetzt: mit einem skeletthaften Siebzigjährigen von professoralem Aussehen und seiner Enkelin – zumindest hoffte Albert, daß es seine Enkelin war – und einem Pärchen aus Beverly Hills, das schon seit Eröffnung des Lokals einmal pro Woche kam.

Ihre Anwesenheit wurde von Eduardo verkündet, der mit verzerrter Miene und einer zittrig hingekrakelten Cocktailbestellung in die Küche stürzte. »Sie ist hier«, flüsterte er, und in der Küche verstummte alles. Fulgencio erstarrte mit der Spritzdüse in der Hand. Marie sah von einem Teller mit Törtchen auf. Albert, der gerade letzte Hand an eine Portion sautierter Jakobsmuscheln *al pesto* für den Professor und eine Entenbrust mit Waldpilzen für die Enkelin anlegte, taumelte vom Tisch zurück, als wäre er angeschossen worden. Er ließ alles fallen und stürmte zu dem runden Fenster, um einen Blick auf sie zu werfen.

Es war sein Augenblick der Wahrheit, der Augenblick, in dem der Mut ihn beinahe verließ. Sie war umwerfend. Eine strahlende Erscheinung. So perfekt und unnahbar wie die gezupften, herablassenden Frauen, die ihn von den Titelbildern der Zeitschriften im Supermarkt ansahen, eisig elegant in einer hautengen béchamelfarbenen Seidenbluse. Wie konnte er, Albert D'Angelo, bei allem Talent und aller Herzensgröße jemals hoffen, sie zu rühren, derartige Vollendung zu beeindrucken, diese übersättigten Geschmacksnerven noch zu reizen?

Mit waidwundem Blick musterte er ihre Begleiter. Neben ihr saß, mit breitem Grinsen, so leutselig, gutaussehend und nichtssagend wie eh und je, der »Gaumen« – aus dieser Ecke war kein Beistand zu erwarten. Und dann sah er auf das Paar, das die beiden mitgebracht hatten, suchte nach Anzeichen von Sympathie. Er suchte vergeblich. Sie waren etwas älter, mit silbrigen Haaren, perfekt gekleidet, dünn und drahtig wie Menschen, die ihre Essensgelüste eiserner Kontrolle unterwarfen, insgesamt so mitfühlend wie Lynchmörder. Albert begriff, daß es ein harter Kampf werden würde. Er wandte sich wieder dem Grill zu, band sich eine saubere Schürze um und war auf das Schlimmste gefaßt.

Marie machte die Getränke – zwei Martinis, einen Glenlivet pur für Willa Frank und ein Bier für den »Gaumen«. Zum Auftakt bestellten sie Büffelmozzarella, die *caponata d'Angelo*, den Salat von Seepolyp und Kalbsmedaillons mit Zwiebelkonfitüre. Albert legte seine Seele in jedes Gericht, arrangierte und garnierte die Teller mit all der geduldigen Sorgfalt und der funkelnden Inspiration eines über die Leinwand gebeugten Toulouse-Lautrec und mußte niedergeschmettert mit ansehen, wie sie halbvoll in die Küche zurückkamen. Dann folgten die Hauptspeisen. Sie ließen sich eine Auswahl kommen – fünf verschiedene Gerichte –, die Albert mit versteinertem Gesicht an Eduardo übergab, dann starrte er gierig wie ein Voyeur durch das Küchentürfenster.

Gebannt sah er zu, wie sich die vier zurücklehnten, damit Eduardo die Speisen auflegen konnte. Er wartete, doch nichts geschah. Sie schenkten dem Essen kaum einen Blick. Und dann, wie auf ein Zeichen, fingen sie an, die Teller auf dem Tisch herumzuschieben. Er faßte es nicht: Was glaubten sie denn, wo sie hier waren – beim Stäbchenmenü im »Chow Foo Luck«? Doch dann begriff er: jedes Gericht mußte zunächst dem prüfenden Auge des massigen Kerls mit dem brutalen Kinn vorgelegt werden, ehe sie es auch nur anzurühren geruhten. Niemand aß, niemand sprach, niemand hob ein Glas des 1966er Château Bellegrave an die Lippen, bevor Jock jede einzelne von Alberts Kreationen beschnüffelt, winzige erste Proben von den Fingern geleckt und dann höchst behutsam gekostet hatte. Willa saß stocksteif da, die schwarzen Augen weit aufgerissen, während der breitknochige, bürstenhaarige Riese sich konzentriert über den Teller beugte und einen Bissen Muschelfleisch oder Ente im Mund zergehen ließ. Endlich, als alle Gerichte die Runde gemacht hatten, kamen die Flußkrebse *all'Alberto* vor dem »Gaumen« zum Stillstand, wie eine Roulettekugel. Doch er hatte schon daran gerochen, hatte schon mit der Gabel darin herumgerührt. Und jetzt schob er mit einer grandiosen Geste den Teller weg und verlangte mit heiserer Stimme nach einem Bier.

Der nächste Tag war der schwärzeste in Alberts Leben. Zwei Anschläge, und der dritte würde nicht lange auf sich warten lassen. Er wußte nicht, was er tun sollte. Sein Schlaf war der eines Fieberkranken gewesen; in seinen Alpträumen hatte er Trüffeln und zum Leben erwachte Schweinsfüße zu Haschee verarbeitet, und beim Aufwachen waren ihm die wildesten Kombinationen durch den Kopf gegangen – Gurkenscheibchen mit Seehasenrogen, eine Mousse aus Zwiebeln und Zimt, eine Vinaigrette aus Feuerbohnen. Er hatte sogar, halb im Spaß, ein Phantasiemenü zusammengestellt, eine Liste von Gerichten, wie sie noch nie jemand gekostet hatte, nicht einmal Scheichs oder Präsidenten. Die Cuisine der gefährdeten Arten würde er sie nennen. Bruststück vom kalifornischen Kondor mit Pfifferlingen, Grönlandwal nach Müllerin Art, Pandabärmedaillons *alla campagnola*. Marie lachte lauthals, als er ihr diese Speisenfolge am Nachmittag aufzählte – »Ich habe eine neue Cuisine kreiert!« rief er –, und einen Augenblick lang hob sich das Bahrtuch.

Doch ebenso rasch senkte es sich wieder herab. Er wußte, was er zu tun hatte. Er mußte sie ansprechen, seine härteste Kritikerin, und zwar über das Medium seiner Küche. Er mußte für sie übersetzen, mußte sie mit einem Kuß erwecken. Aber wie? Wie konnte er sie auch nur ansatzweise aus ihrem Schlummer reißen, wenn dieser Bauerntölpel zwischen ihnen stand wie ein Wachhund?

Wie sich herausstellen sollte, lag die Antwort viel näher, als er hätte ahnen können.

Es war spät am folgenden Nachmittag – am Donnerstag, dem Tag, bevor Willa Franks nächster Verriß in der Zeitung fällig war –, und Albert saß an einem Tisch im hinteren Teil des abgedunkelten Restaurants und grübelte über der Speisekarte. Er war sich nahezu sicher, daß sie ihm an diesem Abend ihren letzten Besuch abstatten würde, und immer noch hatte er keine Idee, wie er sich reinwaschen könnte. Lange Zeit gab er sich seinem Unglück hin und sah geistesabwesend Torrey zu, die gerade mit dem Rohr des Staubsaugers unter den vorderen Tischen herumfuhrwerkte. Hinter ihm, in der Küche, köchelten Saucen, schmorte eine Kalbslende; Marie war beim Brotbacken und Fulgencio schichtete Holz auf. Er mußte Torrey ganze fünf Minuten beobachtet haben, als er sie plötzlich ansprach. »Torrey!« schrie er gegen das Dröhnen des Staubsaugers an. »Torrey, schalt das Ding doch mal eine Sekunde ab, bitte!«

Das Dröhnen erstarb zum Wimmern, dann war es still. Torrey blickte auf.

»Dieser Kerl – wie heißt er noch? Jock? –, was weißt du eigentlich von dem?« Er sah kurz auf die vollgekritzelte Speisekarte, dann wieder zu Torrey. »Ich meine, weißt du vielleicht, was er gern ißt, hast du zufällig eine Ahnung?«

Torrey schlurfte über den Boden und kratzte sich das kurze Stoppelhaar. Sie trug ein zerrissenes Flanellhemd, das ihr drei Nummern zu groß war. Unter ihrem linken Auge war ein Fettfleck. Sie brauchte eine Weile, die Zunge in den Mundwinkel geklemmt, die Stirn nachdenklich gerunzelt. »Ganz simples Zeug, glaub ich«, sagte sie schließlich mit einem Achselzucken. »Holzkohlensteaks, Kartoffeln in der Schale, gekochte Erbsen und so was – eben so Sachen, wie seine Mutter immer gekocht hat. Na ja, also eben so irisches Arme-Leute-Essen, nich?«

Albert hatte an diesem Abend viel zu tun – extrem viel, das Lokal war gesteckt voll –, doch als Willa Frank und ihr »Gaumen« um Viertel zehn hereingeschlendert kamen, war er vorbereitet. Sie hatten reserviert (unter einem falschen Namen natürlich – M. Cavil, Tisch für zwei), und Eduardo konnte sie sofort an ihre Plätze geleiten. Dann stürmte er herein, atemlos, die vertraute Meldung wie eine Sturmglocke auf den Lippen – »Sie ist hier!« –, und schon huschte er wieder hinaus, mit den Getränken: ein Glenlivet pur, ein Bier. Albert sah nicht einmal auf.

Auf dem Herd jedoch stand ein kleiner Topf. Und in dem Topf kochten drei knollige, runzlige Kartoffeln, voller Augen und mit intakter, schmutzbefleckter Schale, ungestüm vor sich hin; dazwischen tanzte der Inhalt einer großen Dose Billig-Erbsen aus dem Discountladen in dem sprudelnden Wasser. Albert summte bei der Arbeit vor sich hin, während er einen Zackenbarsch ausnahm und zusammen mit Garnelen, Krabben und Jakobsmuscheln in einer großen Pfanne anbriet, Knoblauch und Porree kleinschnitt und ein dickes Stück Gänseleber auf eine Scheibe Rinderfilet plazierte. Als etwa zwanzig Minuten später der immer noch atemlose Eduardo mit ihrer Bestellung zur Küche hereingefegt kam, nahm Albert ihm den gelben Zettel ab und riß ihn mittendurch, nachdem er einen flüchtigen Blick darauf geworfen hatte. Die Stunde Null war da.

»Marie!« rief er, »Marie, schnell!« Er setzte seine gehetzteste Miene für sie auf, die Miene eines Mannes, der sich am Rande des Abgrundes an einem Grasbüschel festhält.

Marie erstarrte. Sie stellte ihren Cocktailshaker hin und

wischte sich die Hände an der Schürze trocken. Eine Katastrophe lag in der Luft. »Was ist los?« keuchte sie.

Ihm sei der Seeigelrogen ausgegangen. Und das Fischfumet. Und Willa Frank habe soeben das Barschfilet in Oursinade bestellt. Keine Zeit sei zu verlieren – sie müsse sofort ins »Edo Sushi House« hinüberfahren und von Greg Takesue genügend ausleihen, daß sie den Abend über auskämen. Albert habe schon angerufen. Es stehe alles bereit. »Fahr schon, fahr los«, sagte er und rang die großen weißen Hände.

Den Bruchteil einer Sekunde zögerte sie. »Aber das ist auf der anderen Seite der Stadt – wenn ich dafür nur eine Stunde brauche, dann hab ich noch Glück.«

Nun kam der Eine-Frage-von-Leben-und-Tod-Blick zum Einsatz. »Fahr los«, sagte er. »Ich halte sie hin.«

Kaum war die Tür hinter Marie zugefallen, ergriff Albert Fulgencio am Arm. »Ich möchte, daß du dir kurz freinimmst«, rief er und versuchte, das Zischen der Spüldüse zu übertönen. »Eine Dreiviertelstunde. Nein, lieber eine ganze Stunde.«

Fulgencio hob die dunklen aztekischen Wimpern und sah ihn an. Dann setzte er ein breites Grinsen auf. »No entiendo«, sagte er.

Albert machte es in Zeichensprache vor. Dann zeigte er auf die Uhr, und nach hektischem beiderseitigem Kopfnicken war Fulgencio verschwunden. Munter vor sich hinpfeifend (Core'ngrato, eines der Lieblingslieder seiner verstorbenen Mutter), huschte Albert an die Fleischtruhe und zog den hartgefrorenen Klumpen aus Fett und grauem Knorpel heraus, den er am Nachmittag im Supermarkt um die Ecke erstanden hatte. Nackenstück hieß das dort, zu 2 Dollar 39 das Pfund. Er riß das Ding aus der Plastikfolie, griff nach seiner größten Bratpfanne, drehte das Gas darunter voll auf und ließ den steinharten Brocken ohne viel Federlesens in die sengende schwarze Tiefe des Kochgeräts fallen.

Eduardo hastete ein und aus, fand keine Zeit, nach dem Grund für die Abwesenheit von sowohl Marie als auch Fulgencio zu fragen. Hinaus gingen die Tournedos Rossini, das Barschfilet in Oursinade, die Kalbslende mit Salbei und Koriander, die *anguille alla veneziana* und die *zuppa di datteri Alberto;* herein kamen die schmutzigen Teller, die fettigen Gabeln, die mit Butter und Lippenstift verschmierten Weingläser. Eine gewaltige Qualmwolke erhob sich über der Pfanne auf der vorderen Flamme. Albert pfiff weiter vor sich hin.

Und dann, während eines von Eduardos wilden Sturmläufen durch die Küche, ergriff ihn Albert beim Arm. »Hier«, sagte er und schob ihm einen Teller hin. »Für den Begleiter von Miss Frank.«

Eduardo starrte verdutzt auf den Teller in seiner Hand. Arrangiert mit der ganzen Finesse eines Mensa-Spezialmenüs, lagen darauf drei gekochte Kartoffeln, ein Löffel verschrumpelte Erbsen und etwas, das sich nur als Schuhsohle bezeichnen ließ, hart und platt wie ein Hackklotz, schwarz wie der Boden der Pfanne.

»Vertrau mir«, sagte Albert und führte den sprachlosen Kellner an die Tür. »Ach so, hier«, damit schob er ihm noch eine Flasche Ketchup in die Hand, »servier ihm das dazu.«

Nichtsdestotrotz widerstand Albert der Versuchung, durch die Küchentür zu spähen. Statt dessen drehte er das Gas unter seinen Saucentöpfen zurück, strich sich das Haar an den Schläfen glatt und begann – ganz langsam, wie früher beim Spielen auf dem Schulhof –, bis fünfzig zu zählen. Er war noch nicht einmal bei zwanzig, als Willa Frank, grellfunkelnd in einem tomatenroten italienischen Strickkleid, durch die Tür stürmte. Eduardo folgte ihr auf dem Fuß, mit Märtyrermiene und flehentlich ausgestreckten Händen. Albert warf den Kopf zurück, streckte die Brust vor und rückte die große Kugel seines Schmerbauchs unter dem blütenweißen Viereck der Schürze zurecht. Er entließ Eduardo mit einem flüchtigen Wink und wandte sich Willa Frank zu, auf den Lippen das schmale, beherrschte Lächeln eines Wahlkandidaten.

»Verzeihung«, sagte sie mit sich überschlagender, schriller Stimme, während Eduardo wieder hinaushuschte, »aber sind Sie hier der Chefkoch?«

Er zählte immer noch: achtundzwanzig, neunundzwanzig.

»Dann will ich Ihnen mal was sagen« – sie war so zornig, daß sie kaum weitersprechen konnte –, »noch nie, noch nie in meinem Leben …«

»Schhhh«, machte er und hob den Zeigefinger vor die Lippen. »Ist ja gut«, murmelte er, und seine Stimme war so wohltuend und sanft wie eine Rückenmassage. Dann nahm er sie behutsam beim Ellenbogen und führte sie zu einem Tisch, den er zwischen dem Herd und dem Hackklotz postiert hatte. Über den Tisch gebreitet lag ein schneeweißes Tuch, und aufgedeckt war feines Kristallglas, Porzellan und

Sterlingsilber, das seiner Mutter gehört hatte. Es gab nur einen Stuhl, nur eine Serviette. »Setzen Sie sich«, sagte er.

Sie riß sich los. »Ich will mich nicht setzen«, protestierte sie, und in ihren schwarzen Augen flackerte ein Verdacht auf. Das Strickkleid schmiegte sich an ihren Körper wie ein Trikot. Ihre Absätze klapperten auf dem Linoleum. »Sie wissen es, nicht wahr?« fragte sie und wich vor ihm zurück. »Sie wissen, wer ich bin.«

Groß, bärig und gelassen folgte Albert ihren Bewegungen, als würde er mit ihr tanzen. Er nickte.

»Aber weshalb –?« Er sah die entsetzliche Vision jenes geschändeten Steaks vor ihrem inneren Auge tanzen. »Das – das ist doch Selbstmord.«

Auf einmal hielt er einen Topf in der Hand. Er war ihr so nahe, daß er durch den dünnen, weichen Stoff der Schürze die Fasern ihres Kleides spüren konnte. »Schhhh«, gurrte er, »denken Sie jetzt nicht darüber nach. Denken Sie an gar nichts. Hier«, sagte er und hob den Deckel vom Topf, »riechen Sie mal daran.«

Sie sah ihn an, als wüßte sie nicht mehr, wo sie war. Sie starrte in den dampfenden Topf und blickte dann wieder in seine Augen. Er sah die kleine, unwillkürliche Bewegung ihrer Kehle.

»Kalamari in Aïoli«, flüsterte er. »Probieren Sie einen.« Vorsichtig, ohne sie eine Sekunde aus den Augen zu lassen, stellte er den Topf auf dem Tisch ab, nahm einen Ring aus der Sauce und hielt ihn ihr vor den Mund. Ihre Lippen – volle, sinnliche Lippen, wie er jetzt sah, ganz und gar nicht die schmalen, mürrischen Hautlappen, die er sich vorgestellt hatte – begannen zu zittern. Dann schob sie das

Kinn ein winziges Stückchen vor, und ihr Mund klappte auf. Er fütterte sie wie einen jungen Vogel.

Zuerst die Kalamari: ein, zwei, drei Stückchen. Dann Hummertortellini in einer dicken Safranbuttersauce. Sie leckte ihm die Sauce praktisch von den Fingern. Als er sie diesmal aufforderte, sich zu setzen, als er seine große Hand um ihren Ellbogen legte und sie zum Tisch führte, gehorchte sie.

Während er die kleinen, mit Atascadero-Ziegenkäse überbackenen Toasts mit den sonnengetrockneten Tomaten darauf aus dem Ofen nahm, warf er einen Blick durch das runde Fenster in den Speisesaal. Jocks Kopf war tief über den Teller gebeugt, das Bier zur Hälfte getrunken, ein großer Brocken verkohltes Fleisch auf den Zinken seiner Gabel aufgespießt. Seine mächtigen Kiefer mahlten, die eine Backe war ausgebeult, als hätte er ein riesiges Stück Kautabak darin. »So«, sagte Albert leise, wandte sich wieder zu Willa Frank und legte ihr seine warme, duftende Hand auf die Augen, »eine Überraschung.«

Erst als sie die *taglierini alla pizzaiola* mit der hausgemachten Fenchelkrautwurst und den Tomatenscheiben aufgegessen hatte und die ersten Geschmackssensationen seines Halbgefrorenen aus Grapefruit und Limette erlebte, fragte er sie wegen Jock. »Warum er?« wollte er wissen.

Sie probierte das Sorbet mit einem winzigen Silberlöffel und leckte sich einen Klecks davon aus dem Mundwinkel. »Ich weiß auch nicht«, sagte sie achselzuckend. »Wahrscheinlich traue ich meinem eigenen Geschmack nicht, das wird's sein.«

Er runzelte die Stirn. Er stand über sie gebeugt, innig,

betulich, und bot ihr eine Pfanne mit russischen Kulebiaki dar, Lachs in Briocheteig mit dem saftigen Mark und dem Kaviar des Störs.

Sie musterte seine Hände, die jetzt das Sorbet wegzogen und dafür die schimmernden Kulebiaki hinstellten. »Ich meine«, sagte sie und unterbrach sich, als er ein Stück auf die Gabel nahm und sie damit fütterte, »oft schmecke ich überhaupt nichts, glaube ich, wirklich«, jetzt kaute sie, ihr reizender Kehlkopf hob und senkte sich beim Schlucken, »und Jock – also, der findet *alles* gräßlich. Sein Urteil ist wenigstens beständig.« Sie nahm noch einen Bissen, hielt inne und überlegte. »Und außerdem: Etwas zu mögen, es wirklich zu mögen und das dann auch öffentlich zu sagen, das ist ein furchtbares Risiko. Ich meine, was ist, wenn ich unrecht habe? Was ist, wenn es in Wahrheit mies ist?«

Albert stand dicht bei ihr. Draußen hatte es zu regnen begonnen. Vor der Tür prasselte es wie heißes Fett. »Versuchen Sie das hier«, sagte er und stellte einen Teller mit Spießchen vor sie.

Ihr war warm. Ihm war warm. Der Ofen glühte, der Grill zischte, die Düfte seiner Kreationen stiegen rings um sie auf, Manna und Ambrosia. »Mmm, gut«, meinte sie und knabberte geistesabwesend an etwas Prosciutto und Mozzarella. »Ich weiß nicht«, sagte sie nach einer Weile. Ihre Finger waren braun von Anchovissauce. »Ich glaube, deswegen mag ich auch so gerne Fugu.«

»Fugu?« Albert hatte irgendwann schon einmal davon gehört. »Etwas Japanisches, oder?«

Sie nickte. »Es ist ein Kugelfisch. Sie bereiten ihn als Sushi zu oder in kleinen, gebratenen Streifchen. Aber am besten ist die Leber. Hier bei uns ist sie verboten, wußten Sie das?«

Albert wußte es nicht.

»Man kann daran sterben. Sie enthält ein Lähmungsgift. Aber wenn man nur davon kostet, nur ein kleines Stückchen, dann betäubt es die Lippen, die Zähne, den ganzen Mund.«

»Was meinen Sie damit – etwa so wie beim Zahnarzt?« Albert war bestürzt. Es betäubte die Lippen, den Mund? Der reinste Frevel. »Das ist ja furchtbar«, sagte er.

Sie wirkte schüchtern, wirkte verschämt.

Er wandte sich zum Ofen und drehte sich wieder um, eine weitere Pfanne in der Hand. »Bloß einen Bissen noch«, lockte er.

Sie klopfte sich auf den Bauch und schenkte ihm ein offenes, breites, erblühendes Lächeln. »O nein, nein, Albert – kann ich Sie Albert nennen? – nein, nein, ich kann nicht mehr.«

»Komm«, sagte er, »komm doch«, mit einer Stimme so sanft wie die eines Liebhabers. »Mach den Mund auf.«

Der Schweinepalast

Noch ehe der erste Sommer zu Ende ging, wurde unser Leben eindeutig eberzentrisch. Wir verbrachten viel Zeit mit Christopher. Morgens fütterte ich ihn vor dem Frühstück. Es war die beste Art, den Tag zu beginnen. Er freute sich über alles, was ich ihm brachte: Trockenfutter, altbackene Muffins, Bananenschalen. Es machte mir Freude, ihm beim Essen zuzusehen. Ein paar Minuten lang hörte ich seinem Schmatzen zu, und es war wie Musik. Dann ging ich in die Küche und machte uns Frühstück. Dann brachte ich ihn zum Schweineplateau. Am Anfang konnte ich ihn noch tragen, später führte ich ihn am Halsgurt. Während Howard und ich am Schreibtisch arbeiteten, wühlte Chris in der Erde, graste, schlief oder suhlte sich – und wartete auf unsere Rückkehr. Vielleicht plante er auch einen weiteren Ausbruch.

Wie oft es während unseres Arbeitstages zu einer Interaktion mit Christopher kam, hing meist nicht von uns ab. Wenn er ausbrach und seinen ständig wachsenden Freundeskreis besuchte, konnte es eine Stunde oder länger dauern, bis wir ihn wieder eingefangen hatten. Das war natürlich sehr störend, aber die Erleichterung, wenn er wieder zu Hause war, und unsere Dankbarkeit gegenüber den Nachbarn, die uns geholfen hatten, wogen den Ärger wieder auf.

Aber auch wenn er nicht weglief, wurde unser Tageslauf zunehmend von den Bedürfnissen unseres Schweins bestimmt. Wenn ihm das Wetter nicht zusagte – Christopher stand zum Beispiel nicht gern im Regen –, dann rief er uns mit lautem Quieken herbei, damit wir ihn zurück in den Stall brachten. Und wir ließen natürlich alles stehen und liegen, um ihn vor dem Regen zu retten.

Wir sahen praktisch jede Stunde einmal nach ihm. Kriegte er zu viel Sonne? Ein Schwein kann genauso einen Sonnenbrand kriegen wie ein Mensch. Hatte er sein Seil um den Baum gewickelt? Brauchte er etwas zu trinken? Musste er gestreichelt werden? Manchmal führten diese Besuche zu längeren Schmuse-Sessions, ob es nötig war oder nicht. Bald hatten unsere Schritte einen Fußpfad im Gras hinterlassen: von der Hintertür zur Scheune und von der Scheune zum Schweineplateau.

Ein neues Familienmitglied verändert natürlich immer das Leben. Es bedarf der Fütterung und Reinigung, der Liebe und Zuwendung. Aber da unser Neuankömmling ein Schwein war, gingen die Veränderungen sehr in die Tiefe – denn seine Bedürfnisse wuchsen noch schneller als sein Gewicht. Und der Freundeskreis, der uns unterstützte, wuchs fast noch schneller.

Im Herbst seines ersten Lebensjahres wurde ganz offensichtlich, dass Christopher aus seinem provisorischen Verschlag in der Scheune nicht nur entkommen konnte, sondern dass er ihn vollständig zerstören würde, wenn er das wollte. Im Sommer hatten wir zu unserem Schrecken beobachtet, wie er durch das Holzgitter unter unserer Veranda marschierte, als wäre es gar nicht vorhanden. Wir und unsere Untermieter sammelten dort unseren Müll, ehe er sonntags zum Müllplatz gefahren wurde, und Christopher hatte im Abfall etwas gerochen, was ihm wohl besonders appetitlich erschien. Zu unserem Entsetzen handelte es sich ausgerechnet um die Verpackung des Frühstücksspecks, den unsere Untermieter am Morgen verzehrt hatten.

Howard wusste zwar, was zu tun war, aber die Größenordnung des Projekts und meine notorische Ungeschicklichkeit im Umgang mit Elektrowerkzeugen machten den Einsatz von Fachleuten notwendig.

Also engagierten wir einen pensionierten Flugzeugingenieur: Howards Vater, der jahrelang für Sperry-Rand gearbeitet hatte. Er kam von Long Island heraufgefahren. Seinem Rabbi erzählte er vorsichtshalber nichts von dem, was er vorhatte: Er wollte seinem Sohn helfen, einen Schweinepalast zu errichten.

Ich war mir nicht sicher, was Howards Eltern über Christopher dachten. Sie waren schließlich praktizierende Juden, orthodox genug, um getrenntes Geschirr und Besteck für Milch und Fleisch zu benutzen. Es war schon schlimm genug, dass ihre Schwiegertochter eine Schickse war. Und jetzt noch ein Schwein als Familienmitglied?

Zu meiner Erleichterung stellte Chris kein Problem für sie dar. »Bloß essen dürft ihr ihn nicht«, sagte mein Schwiegervater. Was Schweine betraf, befand ich mich im Einklang mit den jüdischen Speisevorschriften.

Bevor seine Eltern im Rahmen der Operation *Pig Palace* zu uns kamen, durchsuchten Howard und ich die Scheune nach Brettern, Pfosten und Eisenwaren. Es gab viele brauchbare Dinge, aber sie auszugraben war nicht immer leicht. Einmal verfitzten wir uns stundenlang in einem Dickicht aus bunten Elektrokabeln, während Christopher verzweifelt quiekte, weil er sich vernachlässigt fühlte.

Tatsächlich protestierte unser Schwein in den nächsten vier Tagen sehr viel.

Vernünftigerweise bauten Howard und sein Vater den neuen Verschlag genau dort, wo der alte gewesen war – was natürlich bedeutete, dass Christopher zeitweise ausquartiert werden musste. Normalerweise wäre er auf dem Schweineplateau ganz zufrieden gewesen. Aber obwohl er von dort aus nicht in die Scheune hineinsehen konnte, spürte er offensichtlich, dass etwas vorging. Der Geruchssinn der Schweine ist so hoch entwickelt, dass ein Ferkel nicht nur seine Mutter damit erkennt, sondern auch den Geruch der spezifischen Zitze, die seine private Nahrungsquelle ist. Forscher haben herausgefunden, dass Schweine Plastikspielkarten, die sie einmal beschnuppert haben, auch Tage später noch wiedererkennen, sogar wenn die Karten abgespült worden sind. Auch das Gehör der Schweine ist ausgezeichnet. Ihr Frequenzbereich ist zumindest am oberen Ende größer als der des Menschen, und am unteren Ende wahrscheinlich auch. In der Tat bewegten sich Christophers große, haarige Ohren wie Radarantennen. Ständig schien er Geräusche zu orten und zu verfolgen. Deshalb war es ihm wohl nicht entgangen, dass da ein übles Spiel gespielt wurde: In seiner Wohnung passierte etwas, und er war nicht dabei, um die Dinge zu überwachen.

Für Howard und mich war die Bedeutung von Christophers Protesten vollkommen klar: »He, he, he! Das ist mein Stall! Was macht ihr da drin? He!«

Howard und sein Vater arbeiteten volle neun Stunden täglich. Sie errichteten Wände aus massivem Bauholz und isolierten sie weitaus besser als unser eigenes Haus. Anstelle der alten Palette wurde eine Vordertür eingesetzt, die sich an kräftigen Scharnieren bewegte. Außerdem wurde elektrisches Licht eingebaut. Meine Schwiegermutter und ich versteckten uns währenddessen im Haus. Unter dem Vorwand, wir müssten kochen, versuchten wir zu verhindern, dass die Männer uns in ihre Tätigkeit einbezogen. Wir hatten keine Lust, irgendwelche schweren, splittrigen Gegenstände *genau zwei Zentimeter* über den Boden zu halten und unbeweglich darauf zu warten, bis die Männer einen Nagel hineinschlugen. Trotzdem wussten wir, dass die Bauarbeiten genau überwacht wurden. Unser Schwein schimpfte zwar nur von weitem, aber dafür wurde jede Bewegung der beiden Männer von sechzehn orangefarbenen Augen verfolgt, die unseren acht hübschen Hennen gehörten.

Das waren die *Ladies*. Gretchen hatte uns die Hühner zum Einzug geschenkt. Sie sahen aus wie ein Schwarm fröhlicher Nonnen, denn ihr glänzendes Gefieder war strahlend schwarz. Allerdings haben Nonnen wohl nur in den seltensten Fällen schuppige gelbe Füße, orangefarbene Augen und grellrote Kämme. Mit Präzision und Fleiß pickten die Ladies rund um die Scheune Käfer und Sämereien vom Boden und klauten Christopher auch schon mal etwas aus seinem Trog, wenn er gerade nicht hinsah. Dafür leisteten sie ihm aber auch zuverlässig Gesellschaft, wenn Howard und ich schreiben mussten. Vom Herbst an lieferten uns die Hühner achtzig köstliche braune Eier pro Woche. Aber am nettesten fanden wir die Art und Weise, wie sie uns begrüßten.

»*Kennen* die dich?«, fragte Howards Vater erstaunt, als er die Ladies zum ersten Mal in Aktion sah. »Ich hätte gar nicht gedacht, dass Hühner so klug sind.« Meine Schwiegereltern waren beide in der Bronx aufgewachsen, wo man Hühner praktisch nur im Suppentopf erlebte. Jetzt lernten sie Hühner ganz anders kennen. Weil Gretchen die Hühner selbst aufgezogen und wir sie in dieser Zeit beinahe täglich besucht hatten, kannten uns die Hühner nicht nur. Sie waren richtige Fans. Wenn die Ladies uns kommen sahen, stürmten sie auf uns zu und umringten uns, als wären wir die Beatles. Howards Vater machte das einen riesigen Spaß. Die Ladies dachten, dass wir ihnen Cottage Cheese brächten, was auch oft genug zutraf. Wenn sie damit fertig waren, wischten sie ihre bernsteinfarbenen Schnäbel am Boden ab, aber gern auch an meinen Hosen. Dann kehrten sie zum Käferjagen zurück und erzählten sich dabei ihre Abenteuer in munter gackernder Hühnersprache.

An den meisten Tagen durften die Ladies frei auf dem Grundstück herumlaufen, dessen Grenzen sie sehr genau kannten und im Gegensatz zu Christopher auch respektierten. Sie gingen nicht über die Straße, und sie hüpften auch nicht über die Mauer zum Nachbarhaus, obwohl das gar nicht bewohnt war. Aber während der Operation *Pig Palace* beschränkten sie ihre Ausflüge fast gänzlich auf das Gebiet zwischen den Füßen Howards und seines Vaters. Die Ladies waren fasziniert von den blitzenden Nägeln. Sie pickten danach und schienen sie fressen zu wollen. Auch die Werkzeuge der Männer interessierten sie sehr. Sie dachten wohl, der Sinn des Unternehmens bestünde darin, Regenwürmer für sie aus dem Boden zu graben. Sie beobachteten die Bauarbeiten aber nicht nur, sondern schienen sie auch unter sich zu erörtern und mit kritischen Kommentaren begleiten zu wollen. Ihr Interesse war so glaubwürdig, dass Howards Vater – sicher nicht der Typ, der mit Hühnern redet – sie am Ende direkt ansprach. »Ich bitte um Entschuldigung«, sagte er, wenn er sich bückte, um ein Brett hochzuheben, auf dem eine der Ladies stand. Oder er murmelte höflich: »Pardon«, wenn er seinen Fuß dahin stellen wollte, wo gerade zwei Hennen herumpickten. Es erstaunt daher nicht, dass schließlich nicht nur ein Schweinepalast, sondern auch noch ein Hühnerhaus gebaut wurde.

Als meine Schwiegereltern nach Long Island zurückfuhren, war der *Pig Palace* fertig, und das *Chicken Chalet* näherte sich ebenfalls der Vollendung. »Es war ein einmaliges Erlebnis«, sagte Howards Vater mit einem breiten Lächeln. Die Bezahlung war nicht besonders üppig gewesen: Rühreier, Gemüse-Lasagne und Apfelstrudel, aber dafür waren die Hühner weitaus aufmerksamer und interessierter als seine Bosse bei Sperry-Rand. Eine Schweinearbeit war zwar nichts Neues für ihn, aber diesmal war sie wenigstens für ein richtiges Schwein.

»Ist euer Christopher eigentlich intelligent?«, fragten die Leute uns häufig.

»Er ist jedenfalls schlauer als wir«, gaben Howard und ich dann bereitwillig zu. »Er hat Mittel und Wege gefunden, zwei gut ausgebildete Universitätsabsolventen kostenlos für sich arbeiten zu lassen.«

Selbst wenn wir nicht zu Hause waren, setzte unsere Knechtschaft sich fort. Wir sammelten ständig Essensreste für unser Schwein.

Natürlich hatten wir immer Trockenfutter zur Hand, das Chris auch gern fraß. Aber genau wie alle anderen Leute lieben Schweine die Abwechslung. Und genau wie unsere sparsamen Yankee-Nachbarn fanden wir es großartig, dass man Schweinen gutes Essen geben konnte, das sonst auf dem Müll landen würde. Wir hatten natürlich nicht so viele Schweine wie George und Mary und brauchten deshalb auch Makkaroni und Käse nicht tonnenweise aus einer Kantine. Aber es gab andere Quellen, die wir fleißig anzapften.

Da gab es zum Beispiel die Post. Unsere silberhaarige Poststellenverwalterin Patty Soucy war eine begabte Gärtnerin und Köchin. Sie sammelte ihre Broccolistrünke, ihre Melonen-, Kürbis- und Kartoffelschalen, und wenn der Eimer wieder mal voll war, brachte sie ihn mit in die Arbeit, damit Howard ihn mitnehmen konnte, wenn er zwei Kilometer weit in die Stadt fuhr und die tägliche Post bei ihr abholte. Bei schönem Wetter nutzte Patty gelegentlich ihre Mittagspause und brachte ihre Bioabfälle persönlich vorbei. Dann setzten wir uns alle zusammen an den Picknicktisch unter dem großen Silberahorn, um zu essen, während Chris seine Mahlzeit auf dem Schweineplateau einnahm.

Natürlich gab es auch Partys. Früher hasste ich Einladungen. Ich wusste nie, was ich sagen sollte. Persönlich hätte ich eine Unterhaltung gern mit einer Bemerkung begonnen wie: »Die Zunge eines Blauwals wiegt manchmal genauso viel wie ein Elefant!« Aber eine solche Gesprächseröffnung führte unweigerlich dazu, dass Leute, die mich noch nicht kannten, sich rasch und unauffällig entfernten. Auch auf den Boden zu starren ist keine wirklich effiziente Strategie, um sich auf Partys zu amüsieren. Bei einem Empfang, der zu meinen Ehren veranstaltet wurde, weil ich irgendeine Auszeichnung erhalten hatte, starrte ich einmal so intensiv auf den Boden, dass die Leute mich fragten, ob ich etwas verloren hätte.

Aber jetzt hatte ich – dank Chris – eine Aufgabe. Endlich hatte ich ein Gesprächsthema, wenn ich auf einer Party herumstand.

Ich brauchte nicht einmal selbst davon anzufangen. Wenn wir neue Leute kennenlernten, sagte die Gastgeberin oft: »Das sind Sy und Howard. Die haben ein Schwein.«

Worauf natürlich prompt die Frage folgte: »Was für ein Schwein ist es denn?« Es gibt schließlich mehr als dreihundert verschiedene Schweinerassen auf der Welt, vom fetten *Poland China*, das in Ohio gezüchtet wurde, bis zum schlanken Yorkshire-Schwein aus England. Aus Neuseeland kommen die kleinen, gefügigen Kunekunes, die eine hübsche Wamme haben. Aus der alten Donaumonarchie kam das Schwalbenbauch-Mangalitza-Wollschwein, dessen Fleisch für die ungarische Salami gebraucht wird. Wenn es um Chris ging, erklärte Howard immer höchst fachmännisch, es handle sich um ein *Hampshire Hill Hog*. Eine solche Rasse gibt es natürlich gar nicht. Es war nur ein Spitzname für die friedlichen Mischlinge, die George züchtete.

»Wie viel wiegt es denn?« Wir nannten die neueste Zahl.

»Lebt es im Haus?«

»Nein, aber da sieht es beinah so aus.«

Und irgendwann kam auch die Frage, auf die wir gewartet hatten: »Was frisst es denn so?«

An dieser Stelle fingen wir mit unseren subtilen Hinweisen an. »So viel es kann«, sagten wir und erklärten, was Christopher mochte und nicht mochte. Aus irgendeinem Grund ging er allen Zwiebelgewächsen sorgfältig aus dem Wege: Lauch, Schalotten und Knoblauch kamen ihm nicht in den Trog. Zitrusfrüchte verschmähte er gänzlich. Und Fleisch ließen wir ihn nicht fressen.

Schweine brauchen kein Fleisch. In freier Wildbahn werden Schweine zwar jeden Kadaver und jedes appetitliche Tier, das sich nicht wehren kann, auffressen. Aber sie gehen nicht auf die Jagd. Ihre Zähne, eine Mischung aus scharfen Schneidezähnen und breiten Backenzähnen, zeigen, dass Schweine genau wie wir echte Allesfresser sind und ein langes, glückliches Leben führen können, ohne je etwas anderes als Gemüse, Obst, Getreide, Nüsse, Bohnen und Wurzeln zu fressen – genau wie wir. Da Howard und ich kein Fleisch kaufen, haben wir natürlich auch keine Fleischreste in unseren Abfällen. Ich bat aber auch unsere Schweinefutter-Spender, aus ihren Essensresten jegliches Fleisch zu entfernen.

Warum? Nun, die Antwort ist einfach: Es ging um den Mist. Das mag manchem vielleicht als ungewöhnliches Thema für eine Party-Unterhaltung erscheinen, aber schließlich wohnen wir in New Hampshire. Fleisch, erklärte ich meinen atemlos lauschenden Zuhörern, ist der

Grund, warum Schweinekot nicht gut riecht. Vegetarischer Schweinekot riecht angenehm erdig. Die Konsistenz ist angenehm, und die Form erinnert an ein kleines Zopfbrot. Sobald man aber Fleisch füttert, fängt der Kot an zu stinken, er wird flüssig und klebrig und fällt durch die Zinken der Mistgabel. Er schädigt auch den Komposthaufen. Düngt man seine Tomaten etwa mit Hundekot? Natürlich nicht. Man nimmt Pferdeäpfel. Und vegetarischen Schweinemist kann man auch nehmen. Er ist reinstes Gartengold.

An diesem Punkt des Gesprächs fragte garantiert immer jemand: »Was werdet ihr mit dem Schwein machen?«

Das ärgerte mich. »Was machen Sie denn mit Ihrem Enkel?«, hätte ich gerne gefragt. »Der wiegt doch sicher auch schon fünfzig oder sechzig Pfund, oder?«

Aber Howard hielt mich zurück. »Wir schicken ihn an die Sorbonne«, sagte er.

Und dann erklärte er in aller Ruhe, dass ich Vegetarierin und er Jude sei und dass wir mal sehen wollten, wie lange so ein Schwein lebt. Da Christopher keinen Grund habe, uns zu misstrauen, sei er ein ungewöhnlich nettes, wohlerzogenes und fröhliches Schwein.

»Er würde Ihnen sicher gefallen!«, versprachen wir munter. »Kommen Sie ihn doch mal besuchen! Und vergessen Sie nicht, Ihren Biomüll mitzubringen.«

Wir versprachen »eine Mahlzeit und eine Show«. Die Leute brachten Christopher die Mahlzeit, und die Show bestand darin, dass sie ihm beim Fressen zuschauen durften.

Wenn er noch in seinem Verschlag war, wenn die Besucher eintrafen, war Christophers begeisterter Aufbruch der erste Akt. »Hallo, Schweinemann«, rief ich, »du hast Besuch!«

Christopher reagierte mit aufgeregtem, fröhlichem Grunzen. Meine Ankündigung war ohnehin überflüssig. Etwaige Besucher und die mitgebrachten Essensreste hatte er längst gerochen. Wenn ich das Gatter aufmachte, schoss er wie eine quiekende, schwarz-weiße Kanonenkugel heraus. Mit dem mitgebrachten Eimer in der Hand rannte ich zum Schweineplateau. Dort schüttete ich ihm die Abfälle hin, und während er sie verputzte, befestigte ich das Halteseil an seinem Geschirr. Dann zogen wir uns alle ein paar Schritte zurück, bis wir außerhalb seiner Reichweite waren, und genossen das Schauspiel.

Wenn es ums Fressen ging, war Christopher ein Performance-Künstler.

Einem Schwein beim Fressen zuzuschauen ist höchst befriedigend für den Menschen. Selten kann man sich so an der Freude anderer freuen. Schweine sind wahrhaft fürs Fressen gemacht – schließlich wurden sie gezüchtet, um viel zu fressen und schnell fett zu werden. Unter allen Säugetieren sind Hausschweine die effektivsten, wenn es darum geht, pflanzliche Kost in Fleisch umzusetzen. Ein Ferkel kann zwei Kilo am Tag zunehmen. Aus drei Pfund Pflanzenkost macht es ein Kilo Fleisch. Ein Kalb muss dagegen zehn Pfund fressen, um so viel zuzunehmen. Christopher fraß grunzend, schmatzend und schnaubend, mit der Begeisterung eines echten Gourmands und der natürlichen Anmut eines Athleten. Fressen war bei ihm nicht bloß die Nummer eins, es nahm vermutlich die ersten fünfzig Ränge ein bei seinen Begierden. Was er wollte, war fressen, fressen und fressen …

Wir Menschen dürfen unsere Nahrung nicht so genießen. Wer zu viel isst, wird rasch der Völlerei beschuldigt, und die Folgen – wenn wir den Zeitschriften glauben – sind verstopfte Arterien, formlose Kleider und Schuldgefühle. Für viele von uns ist Nahrung *der Feind*. Aber wenn Christopher fraß, schien er seine Lust und Lebenskraft an uns weiterzugeben. Es war ein göttlicher Anblick.

Es war daher nicht weiter erstaunlich, dass ihn viele Besucher von Hand füttern wollten. Auf diese Weise konnte man noch stärker Anteil an diesem Spaß nehmen. Lange Gegenstände waren das Beste: ein Baguette, das nicht mehr ganz frisch war, eine überreife Banane, zu groß gewordene Zucchini. Christopher biss zwar nicht, aber es war trotzdem ratsam, seine Finger nicht allzu nahe an seine gierigen Zähne zu bringen. Er riss ein schönes Stück ab, erwartete aber durchaus, dass man die Sachen nicht losließ. Er hatte zwar nichts dagegen, vom Boden zu essen, aber es gefiel ihm einfach, gefüttert zu werden.

Kleinere, runde Leckereien wie Äpfel und Muffins verfütterte man am besten, wenn er in seinem Verschlag war. Dann sperrte er nämlich sein Maul auf und man konnte sie von oben hineinwerfen wie einen Ball.

Der größte Teil seiner Nahrung war allerdings viel zu amorph oder matschig, als dass man ihn hätte von Hand füttern können. Er wurde in den Trog oder – im Freien – auch auf den Boden geschüttet. Der Laie denkt vielleicht, dass Schweine einfach alles in sich hineinschaufeln. Für Christopher galt das nicht. Wenn sich die Dinge im Eimer nicht völlig vermischt hatten, konnte man genau sehen, dass er die Dinge, die er am liebsten mochte, zuerst fraß. Er hob sie geräuschvoll, aber durchaus wählerisch mit seinen Lippen auf: Pasta, Gebäck, Käse und Obst. Naschhaft war er von Kindheit an. Als Nächstes kamen Karotten, Mais, Getreide, Reis und Kartoffeln, besonders, wenn sie beim Kochen oder im Eimer eine stärkehaltige Soße entwickelt hatten. Als Letztes, aber durchaus noch schwungvoll, verputzte er den Grünkohl, Broccoli, Spinat und so weiter. Zwiebeln, Zitronen oder Orangenschalen ließ er stets unberührt. Wenn die Mahlzeit ungeschälte Eier enthielt, knackte er sie in seinem Maul und spuckte die Schalen dann sorgfältig aus.

Wenn ihm jemand etwas sehr Großes mitbrachte, was er nicht gleich zerkleinern konnte – einen Kürbis zum Beispiel –, dann packte er es, hob es auf und schüttelte es wie ein Hund einen Schuh. Es ist eine Tötungsgeste, die der »Beute« das Genick brechen soll. Und was geschieht, wenn die Nahrung noch größer ist? Einmal erhielten wir Besuch von einer Familie aus Saugus in Massachusetts, die uns eine riesige, über zehn Kilo schwere Wassermelone mitbrachte. Zufällig hatte meine Freundin Elizabeth Marshall Thomas, deren Steinzeit-Romane und anthropologische Studien große Bestseller waren, am nächsten Tag Geburtstag, und wir luden sie zusammen mit ihrer dreiundneunzigjährigen Mutter Lorna zu uns ein. Höhepunkt des Besuchs sollte wie immer die Schweinefütterung sein.

Christopher enttäuschte uns nicht. Er befand sich schon auf seiner Lieblingsbühne, als Liz und Lorna eintrafen. Lorna stützte sich auf ihren Stock, als sie zum Schweineplateau hinausstapfte. Ich holte die ausgehöhlte Melone aus der Küche und legte ihm das Riesending hin. Christopher biss voller Freude hinein. Grunzend hob er das grüne Monster hoch und schüttelte es. Die Stücke flogen in alle Richtungen wie Feuerwerkskörper. Mit jedem Biss floss süßer Saft und mischte sich mit seinem schaumigen Speichel wie rosa Champagner zu Neujahr. Und natürlich wurde das Schauspiel von festlichem Grunzen, Schmatzen und Schlürfen begleitet, der Tafelmusik eines glücklichen Schweins.

Es war ein Riesenerfolg.

Sowohl Liz als auch Lorna liebten Tiere unendlich. Liz hatte auf der ganzen Welt studiert, und im Lauf der Jahre hatten sie und ihr Ehemann Steve einen Kinkajou (einen südamerikanischen Waschbären mit Wickelschwanz), einen Dingo, ein Huskie-Team, zwei große Leguane und sechs verwaiste Opossums beherbergt. Gegenwärtig begnügten sie sich mit zwei Hunden und vier Katzen. Auch Lorna wäre dem Ehepaar mehr als willkommen gewesen, aber sie zog es vor, weiterhin in ihrem eigenen Haus zu wohnen, direkt gegenüber von Harvard. Sie wollte ihre bahnbrechende Arbeit über die Kultur der Buschmänner abschließen. Wenn sie ihre Tochter sehen wollte, setzte sie sich mit ihren dreiundneunzig Jahren einfach ins Auto. Die zweieinhalbstündige Fahrt nach New Hampshire schien ihr nichts auszumachen. Lorna liebte Tiere, und die Tiere liebten sie. Wenn Lorna zu uns ins Haus kam, flog unserer Nymphensittich immer gleich auf ihren Kopf und ritt wie eine bunte Mütze auf ihren schneeweißen Haaren.

Liz war von Anfang an eine von Christophers engsten

Freundinnen. Genau wie Gretchen musste sie uns bei allen Schweinefragen beraten. Es war Liz, die mir beibrachte, wie ich Christopher dazu bringen konnte, sich hinzulegen. Es funktionierte nicht immer – wenn er beim Fressen war, ließ er sich durch nichts auf der Welt davon abhalten. Aber wie Liz mir zeigte, wird praktisch jedes Schwein in die Knie gehen und sich lustvoll auf die Seite plumpsen lassen, wenn man es am Unterbauch in der Nähe der Nippel krault. Diese intime Zärtlichkeit ist praktisch für alle Säugetiere unwiderstehlich, erklärte mir Liz, vielleicht weil es sie daran erinnert, wie ihre Mütter sie saubergeleckt haben, als sie noch Babys waren. Später habe ich in einem Tierpark in Texas feststellen können, dass es sogar bei Nashörnern funktioniert.

Natürlich wollte Christopher, dass man überhaupt nicht mehr aufhörte, ihn zu kraulen, und das war tatsächlich auch sehr verlockend. Es gab kaum jemanden, der stärker auf solche Zuwendung reagierte, und seine Seligkeit war geradezu ansteckend.

»Gutes Schwein, braves Schwein, gutes Schwein«, säuselten wir, während wir ihn kraulten. Es war wie ein Schlaflied. »Gutes Schwein, gutes Schwein. Schönes Schwein, schönes, gutes Schwein.« Er grunzte im selben Rhythmus zurück und sank langsam in den Schlaf.

Das Bauchkraulen bildete immer das große Finale von Christophers Fress-Shows. Auch der Besuch von Liz und Lorna und die große Melonenschlacht endeten natürlich mit einer Streichel- und Kraul-Orgie.

Aber vorher machte Howard noch ein schönes Erinnerungsfoto. Wir bauten uns dem Alter nach auf: Christopher (1), ich (33), Liz (60) und Lorna (93).

»Immer dreißig Jahre Abstand«, sagte Liz.

»Genau«, sagte Lorna. »Vier Generationen.«

Es war wirklich fast wie ein Familienfoto. Wenn man mal davon absah, dass nur zwei von uns genetisch verwandt waren und der Jüngste einen Rüssel und einen haarigen Schwanz hatte.

MADELEINE THIEN
Einfache Rezepte

Es gibt ein einfaches Rezept für die Zubereitung von Reis. Mein Vater hat es mir gezeigt, als ich ein Kind war. Damals pflegte ich auf der Küchentheke zu sitzen und zu beobachten, wie er die Körner schnell und sicher in seinen Händen siebte und dabei Schmutzteilchen oder Sand, winzige Unvollkommenheiten entfernte. Er ließ seine Hände durchs Wasser wirbeln, und es wurde trüb. Das Geräusch, das er beim Säubern der Körner erzeugte, war so laut wie ein Feld voller Insekten. Immer wieder spülte mein Vater den Reis, goss das Wasser ab und füllte dann erneut den Topf.

Die weiteren Instruktionen sind simpel. Sobald das Waschen erledigt ist, füllt man den Topf mit so viel Wasser auf, dass es einem bis zum ersten Knöchel des Zeigefingers reicht, wenn man mit der Spitze den Reis berührt. Mein Vater brauchte keine genauen Angaben oder Messbecher. Er schloss einfach die Augen und ertastete die Wasserlinie.

Manchmal träume ich immer noch, dass mein Vater, die nackten Füße flach auf dem Boden, mitten in der Küche steht. Er trägt ein altes Oberhemd und verblichene Sweatpants mit Gummizug in der Taille. Umgeben von glänzenden Oberflächen und den spitzen Ecken von Herd und Kühlschrank, wirkt er fehl am Platz. Die Erinnerung an ihn ist so deutlich, dass es mich bisweilen verblüfft, wie detailliert ich ihn vor mir sehe.

Jeden Abend vor dem Essen vollzog mein Vater dieses Ritual – waschen und abgießen, den Topf dann in den Kocher stellen. Als ich älter war, übertrug er mir diese Aufgabe, aber ich erledigte sie nie mit der gleichen Sorgfalt. Ich tat nur so, als ob, indem ich mit dem Wasser herumspritzte und mit dem Finger ungefähr den Wasserstand abmaß. An manchen Abenden war der Reis ein schleimiger Matsch. Ich war beunruhigt darüber, dass ich eine so simple Aufgabe nicht bewältigte.

»Tut mir leid«, erklärte ich am Tisch mit leiser und verlegener Stimme.

Als Antwort aß mein Vater einfach weiter, schob sich den Reis in den Mund, als hätte er überhaupt nichts anderes erwartet, als bemerkte er keinen Unterschied zwischen dem, was er so gut und ich so schlecht konnte. Rasch wanderten seine Stäbchen über den Teller, und er aß bis zum letzten Bissen alles auf. Dann erhob er sich pfeifend und räumte den Tisch ab, und mit jeder seiner abgezirkelten und sicheren Bewegungen überzeugte er mich davon, dass es gut bestellt war um die Welt.

Mein Vater steht mitten in der Küche. In der rechten Hand hält er eine mit Wasser gefüllte Plastiktüte. In der Tüte gefangen ist ein lebendiger Fisch.

Der Fisch atmet kaum, obwohl sein Maul auf- und zuklappt. Ich lange hoch und berühre ihn durch die Plastiktüte hindurch, streiche mit den Fingern über die Kiemen, den weichen, muskulösen Körper, schiebe meinen Finger über seinen Augapfel. Der Fisch schaut mich unentwegt an und schaukelt träge hin und her.

Mein Vater lässt die Küchenspüle volllaufen. Mit einer raschen Bewegung dreht er die Tüte um, und der Fisch schwappt zusammen mit dem Wasser heraus. Er krümmt sich und hüpft. Wir beobachten ihn aufmerksam, ich auf den Zehenspitzen, das Kinn auf die Theke gestützt. Der Fisch ist so lang wie mein Arm vom Handgelenk bis zum Ellbogen. Die Wände des Beckens streifend, treibt er dahin.

Ich halte Wache über den Fisch, während mein Vater mit den Vorbereitungen fürs Abendessen beginnt. Der Fisch biegt seinen Körper, versucht zu wenden oder zu tauchen, so dass Wasser über den Rand der Spüle fließt. Obwohl ich mit meinen Fingern winzige Kreise um ihn ziehe, beachtet mich der Fisch nicht, schnellt im kalten Wasser von einer Seite zur anderen.

Viele Stunden hintereinander waren wir nur zu zweit. Während meine Mutter arbeitete und mein älterer Bruder draußen spielte, saßen mein Vater und ich auf der Couch und zappten uns durch die Sender. Er liebte Kochshows. Wir sahen *Wok mit Yan*, wobei mein Vater ständig Urteile über Yans Methoden abgab. Ich war begeistert, als Yan Orangenschalen in Schwäne verwandelte. Mein Vater rümpfte die Nase. »Das kann ich auch«, sagte er. »Dazu muss man kein Genie sein.« Er legte eine Frühlingszwiebel ins Wasser, um mir zu demonstrieren, dass sie dann wie eine Blume aufblühte. »Ich kenne viele solche Tricks«, sagte er. »Viel mehr als Yan.«

Dennoch machte mein Vater sich sorgfältig Notizen,

als Yan die Zubereitung von Pekingente vorführte. Über Yans Wortspiele lachte er herzlich. »Take a wok on the wild side!«, intonierte Yan und deutete mit seiner Schöpfkelle auf die Kamera.

»Ha ha!«, lachte mein Vater, bis seine Schultern bebten. »*Wok* on the wild side!«

Morgens brachte mein Vater mich zur Schule. Und um drei Uhr nachmittags, wenn wir beide auf dem Heimweg waren, ratterte ich alles herunter, was ich an dem Tag gelernt hatte. »Der Brachiosaurus«, informierte ich ihn, »isst nur weiches Gemüse.«

Mein Vater nickte. »Genau wie ich. Zeig mir mal deine Stirn.« Wir blieben stehen und begutachteten uns mitten auf der Straße gegenseitig. »Du hast eine hohe Stirn«, sagte er und beugte sich vor, um besser sehen zu können. »Alle intelligenten Menschen haben die.«

Ich stolzierte einher und streckte die Beine, um mich seinen Schritten anzupassen. Ich war hocherfreut, wenn meine Füße mit seinen mithalten konnten, rechts, dann links, dann wieder rechts, und wir marschierten wie eine Kompanie. Mein Vater war ein Meister der Kunststückchen; er konnte eine Stunde lang dasitzen und mit einem runden Löffel Tunnel in eine Wassermelone bohren, er konnte aus der Schale ein Schloss schnitzen.

Mein Vater war in Malaysia zur Welt gekommen, und er und meine Mutter emigrierten etliche Jahre vor meiner Geburt nach Kanada, wo sie sich zuerst in Montreal und schließlich in Vancouver niederließen. Während ich in die Beharrlichkeit des Regens von Vancouver hineingeboren wurde, stammte mein Vater aus einem Monsunland. Als ich klein war, versuchten meine Eltern, mir ihre Sprache beizubringen, doch sie ging mir nie leicht von der Zunge. Mein Vater fuhr mir mit dem Daumen sanft über den Mund, als wollte er begreifen, was mir solche Schwierigkeiten bereitete.

Mein Bruder kam in Malaysia zur Welt, aber als er zusammen mit meinen Eltern nach Kanada auswanderte, ging ihm die Sprache verloren. Oder er vergaß sie oder verweigerte sie, was auch weit verbreitet ist, und das ärgerte meinen Vater. »Wie kann ein Kind eine Sprache vergessen?«, fragte er meine Mutter. »Es liegt daran, dass das Kind faul ist. Daran, dass das Kind beschließt, sich nicht zu erinnern.« Als mein Bruder zwölf Jahre alt war, fing er an, nachmittags draußen zu bleiben. Er rannte mit seinem Fußball in der Gasse hinter dem Haus auf und ab und kam erst zum Abendessen heim. Meine Mutter arbeitete tagsüber als Verkäuferin bei Woodward's im Stadtzentrum, in dem Gebäude mit dem rotierenden W auf dem Dach.

Die Decken in unserem Haus waren vergilbt von Fett. Sogar in der Luft lastete es. Ich erinnere mich, dass ich dieses Gewicht liebte, die Luft, die geschwängert war vom Geruch unzähliger Mahlzeiten, gekocht in einer winzigen Küche, von all den guten Gerüchen, die hier um Platz wetteiferten.

Der Fisch in der Spüle stirbt langsam vor sich hin. Er schimmert und glänzt, als ob seine Haut aus leuchtenden Mineralien bestünde. Am liebsten würde ich ihn mit beiden Händen greifen, so dass sich sein Körper unter dem Druck meiner Finger anspannt. Wenn ich fest zupacke, werde ich sein flatterndes Herz spüren können, nehme ich an. Stattdessen versuche ich, den Fisch zu hypnotisieren. *Du bist seeehr müde,* sage ich zu ihm. *Du wirst immer schläfriger.*

Neben mir hackt mein Vater Frühlingszwiebeln. Er benutzt dazu ein Hackbeil, das, wie er behauptet, um viele Jahre älter ist als ich. Die Klinge des Beils schwingt vor und zurück; Zwiebelschlaufen türmen sich neben dem Handgelenk meines Vaters zu einer Pyramide. Als er fertig ist, krempelt er seinen rechten Ärmel hoch, langt ins Wasser und zieht den Stöpsel heraus.

Der Fisch in der Spüle schwimmt noch, und wir betrachten ihn schweigend. Das Wasser sinkt unter seine Kiemen, unter seinen Bauch. Es läuft ab, bis das Becken trocken ist. Der Fisch liegt mit offenem Maul da, sein Körper hebt und senkt sich. Er drischt an die Wand der Spüle. Dann springt er in die Höhe. Er windet sich und schnappt mit einem Satz nach seinem Schwanz. Der Fisch segelt in die Luft und fällt schwer wieder herunter. Er zuckt heftig.

Mein Vater greift mit bloßen Händen zu. Er hebt den Fisch hoch und legt ihn sanft auf die Arbeitsfläche. Während er ihn mit einer Hand festhält, schlägt er mit der flachen Seite des Hackbeils auf seinen Kopf. Der Fisch bleibt reglos auf der Theke liegen, und mein Vater fängt an, ihn auszunehmen.

In meiner Wohnung achte ich darauf, dass die Wände sauber sind. Ich öffne die Fenster und stelle den Ventilator an, wenn ich eine Mahlzeit zubereite. Mein Vater hat mir einen Reiskocher geschenkt, als ich mein erstes eigenes Apartment bezog, aber ich benutze ihn so selten, dass er, die

Schnur ordentlich um den Bauch gewickelt, ganz hinten im Schrank steht. Ich habe kein Verlangen nach den Mahlzeiten selbst, doch ich vermisse es, wie wir uns gemeinsam hinsetzten, die Körper hungrig vorgebeugt, während mein Vater ein Gericht nach dem anderen enthüllte. Wir lachten und aßen, und die Brille meiner Mutter beschlug mit weißem Dampf, bis sie sie abnehmen und auf den Tisch legen musste. Dann aß sie mit geschlossenen Augen weiter, und das knackige Gemüse zwischen ihren Stäbchen leuchtete strahlend grün.

Mein Bruder kommt in die Küche, und er ist von Kopf bis Fuß mit Dreck beschmiert. Beim Gehen hinterlässt er eine dünne Schleifspur. Den Fußball, voller Schlamm vom Spielen draußen, hat er fest unter einen Arm geklemmt. Als er sich an meinem Vater vorbeidrückt, ist seine Miene angespannt.

Neben mir streut meine Mutter Knoblauch auf den Fisch. Sie lässt mich eine Hand unter den Kopf des Fisches schieben, ihn ergreifen und nach hinten biegen, so dass sie den Fisch mit Ingwer füllen kann. Ganz vorsichtig drehe ich den Fisch um. Er ist fest und schlüpfrig und mit winzigen, scharfen Schuppen besetzt.

Am Herd langt mein Vater nach einer alten Teekanne. Sie ist mit Öl gefüllt, und er gießt das Öl in den Wok. Es zerrinnt zu einer dünnen Schleife. Nach einem Moment, als das Öl zu knistern beginnt, nimmt er den Fisch und legt ihn in den Wok. Er fügt Wasser hinzu, und Rauch wallt auf. Der bratende Fisch erzeugt ein Geräusch wie Reifen auf Kies, ein sehr lautes Geräusch, das alles andere übertönt.

Dann tritt mein Vater aus dem Qualm hervor. »Servier du den Reis«, sagt er, während er mich von der Küchentheke hebt.

Mein Bruder kommt wieder herein, mit schmutzigen Händen und Knien in der Farbe staubiger Ziegel. Seine Fußballshorts flattern ihm um die Beine. Als er sich hinsetzt, zieht er eine wütende Grimasse. Mein Vater ignoriert ihn.

Der Reis im Kocher ist platt wie ein Pfannkuchen. Ich stoße den Löffel hinein, rühre den Reis um, und heißer Dampf schießt hoch und schlägt sich auf meiner Haut nieder. Während mein Vater über dem Herd elegant die Arme bewegt, fange ich an, den Reis auszuteilen: zuerst für meinen Vater, dann für meine Mutter, dann für meinen Bruder, dann für mich. Hinter mir wird der Fisch rasch gar. In einem Steinguttopf dünstet mein Vater Blumenkohl, den er immer wieder wendet.

Mein Bruder tritt gegen ein Tischbein.

»Was ist los?«, fragt mein Vater.

Mein Bruder schweigt einen Moment, dann sagt er: »Wieso müssen wir unbedingt Fisch essen?«

»Magst du ihn nicht?«

Mein Bruder verschränkt die Arme vor seiner Brust. Ich sehe Schmutzstreifen auf seinen Armen, dunkel und verkrustet. Ich stelle mir vor, wie ich sie ihm mit einem kleinen Löffel vom Körper kratze.

»Ich kann es nicht leiden, dass er noch Augen hat. Das sieht abartig aus.«

Meine Mutter gibt ein missbilligendes Geräusch von sich. Sie trägt noch ihr Namensschild an der Bluse. Darauf steht *Woodward's* und dann *Verkäuferin.* »Das reicht«, sagt sie und hängt ihre Handtasche über die Stuhllehne. »Geh dir die Hände waschen und mach dich zum Essen fertig.«

Mein Bruder wirft ihr einen ganz kurzen wütenden Blick zu. Dann beginnt er, an dem Schmutz auf seinen Armen zu zupfen. Ich bringe Teller mit Reis an den Tisch. Der Schmutz bröckelt von der Haut ab und sprenkelt die Tischdecke. »Hör auf damit«, sage ich ärgerlich.

»Hör auf damit«, äfft er mich nach.

»Hey!« Mein Vater schlägt mit seinem Löffel auf die Arbeitsfläche. Ein helles *Ping* ertönt. Er deutet auf meinen Bruder. »Keine Streitereien in diesem Haus.«

Mein Bruder schaut zu Boden, murmelt etwas und entfernt sich dann schlurfend vom Tisch. Als er ein Stück gegangen ist, stampft er mit den Füßen auf.

Kopfschüttelnd zieht meine Mutter ihre Jacke aus. Sie gleitet ihr von den Schultern. In der Sprache, die ich nicht verstehe, sagt sie etwas zu meinem Vater. Er zuckt bloß die Achseln. Und dann antwortet er, und mir erscheinen seine Worte so vertraut, als wären es Worte, die ich kennen müsste, als hätte ich sie womöglich früher gekannt, dann aber vergessen. Die Sprache, die sie sprechen, ist voller weicher Vokale, voller Wörter, die ineinanderlaufen, so dass ich die Lücken nicht erkenne, in denen sie zum Atemholen innehalten.

Meine Mutter hat mir einmal etwas über Schuld erzählt. Ihre eigene Schuld halte sie in der Hand wie eine Opfergabe. Aber deine Schuld ist anders, meinte sie. Du brauchst nicht an ihr festzuhalten. Stell sie dir vor, sagte sie und fuhr mir mit den Händen über die Stirn, dann in die Haare hinauf. Wenn du sie dir vorstellst, fragte sie, was siehst du dann?

Einen Fleck auf der Haut, groß und schwarz.

Einen Fleck, sagte sie. Konzentrier dich darauf. Jetzt ist es noch ein Fleck. Aber wenn du dich konzentrierst, kannst du ihn schrumpfen lassen, ihn auf die Größe einer Nadelspitze zusammenpressen. Und dann, wenn du es willst, wenn du es siehst, kannst du ihn wegpusten wie ein Körnchen Staub.

Sie strich mir über die Stirn.

Ich versuchte, mir den Fleck vorzustellen. Ich stellte mir vor, ihn wegzupusten wie einen kleinen Punkt, einen Tupfer, der nichts bedeutete, diese Komplizenschaft, von der ich mich wundersamerweise einfach trennen konnte. Meine Mutter brachte mich dazu, dass ich an die Kraft meiner Gedanken glaubte, als könnte ich erscheinen lassen, was nie existiert hat. Oder es umkehren. Es so oft umdrehen, dass man es aus den Augen verliert, dass einem das Ende entgleitet und das Ganze sich in Rauch auflöst.

Mein Vater zerteilt den Fisch mit dem Rand seines Löffels. Unter der Haut ist das Fleisch weiß, und der Saft rinnt heraus. Er hebt ein Stück hoch und legt es mir vorsichtig auf den Teller.

Wieder drückt sich sein Löffel durch die Haut. Behutsam nimmt mein Vater ein weiteres Stück und trägt es zu meinem Bruder.

»Ich will nicht«, sagt mein Bruder.

Die Hand meines Vaters zittert. »Probier ihn«, sagt er lächelnd. »Take a wok on the wild side.«

»Nein.«

Mein Vater seufzt und legt das Stück Fisch auf den Teller meiner Mutter. Wir essen schweigend; nur unsere Löffel kratzen über das Geschirr. Meine Eltern benutzen Stäbchen, heben ihre Schüsseln an den Mund und schaufelt die Happen hinein. Der Geruch nach Essen erfüllt den Raum.

Mein Vater, jeden Bissen genießend, isst langsam und ganz den Geschmäckern in seinem Mund zugewandt. Meine Mutter nimmt ihre Brille ab, deren Gläser beschlagen sind, und legt sie auf den Tisch. Sie isst mit gesenktem Kopf, als ob sie betete.

Mein Bruder hebt einen Strunk Blumenkohl an seine Lippen und seufzt tief. Er kaut, und sein Gesichtsausdruck verändert sich. Ich sehe plötzlich vor mir, wie er ertrinkt, seine Haare ihn umwallen wie Gras. Er hustet und spuckt den Inhalt seines Mundes auf den Teller. Noch ein Husten. Würgend greift er sich an die Kehle.

Mein Vater knallt seine Stäbchen auf den Tisch. Mit einer raschen Bewegung packt er meinen Bruder an der Schulter. »Ich habe es versucht«, sagt er. »Ich weiß nicht, was für ein Sohn du bist. So undankbar zu sein.« Die andere Hand saust an mir vorbei und landet klatschend im Gesicht meines Bruders.

Meine Mutter zuckt zusammen. Das Gesicht meines Bruders ist rot, sein Mund steht offen. Seine Augen sind nass.

Immer noch hustend, greift er nach einer Gabel, die Zinken auf meinen Vater gerichtet, und schleudert sie dann blindlings auf ihn. Sie streift seine Brust und fällt zu Boden.

»Ich hasse dich! Du bist nichts als ein Arschloch, ein be-
schissenes schlitzäugiges Arschloch!« Mein Bruder nimmt
seinen Teller in die Hände. Er lässt ihn auf den Tisch kra-
chen, so dass sich das Essen darüber verstreut. Er hustet
und spuckt. »Ich wünschte, du wärst nicht mein Vater! Ich
wünschte, du wärst tot!«

Mein Vater lässt erneut seine Hand sausen. Diesmal mit
einem harten Schlag auf den Tisch. Ich schließe die Augen.
Ich höre nur noch, wie jemand schreit. Eine laute Stimme
ertönt. Unbeholfen stehe ich auf, die Hände über den Augen.

»Geh in dein Zimmer«, sagt mein Vater mit zitternder
Stimme.

Da ich glaube, dass er mich meint, nehme ich meine
Hände herunter.

Doch er schaut meinen Bruder an. Und mein Bruder,
dessen kleine Brust sich heftig hebt und senkt, schaut ihn
ebenfalls an.

Ein paar Minuten später fängt meine Mutter an, den Tisch
abzuräumen und mit erschöpfter Miene Schüsseln und Teller nacheinander über dem Mülleimer sauber zu kratzen.

Ich entferne mich von meinem Stuhl, trete an meiner
Mutter vorbei auf den Teppich und gehe langsam die
Treppe hinauf.

Vor dem Zimmer meines Bruders kauere ich mich an die
Wand. Als ich mich vorbeuge, sehe ich meinen Vater, der
die Bambusrute in den Händen hält. Die Rute ist glatt. Ihre
langen Fasern, fein wie Haare, sind in gewissen Abständen
mehrmals zusammengebunden. Mein Bruder liegt auf dem

Boden, als wäre er umgeworfen und dorthin geschleppt worden. Mein Vater hebt die Rute in die Höhe.

Ich möchte aufschreien. Ich möchte ins Zimmer und zwischen sie treten, kann aber nicht.

Es ist wie das Fällen eines Baums, eine langsame, bogenförmige Bewegung durch die Luft.

Die Bambusrute sinkt lautlos herab. Sie trifft auf den Rücken meines Bruders und reißt ihm die Haut auf. Ich höre keinen Ton. Ein Blutfaden zieht sich über seinen Körper.

Die Rute hebt und senkt sich erneut. Ich habe Angst davor, dass Knochen brechen könnten.

Noch einmal holt mein Vater aus.

Mein Bruder weint in den Teppich und krallt sich hinein. Die Knie hat er an die Brust gezogen; sein Kopf gräbt sich in den Boden. Sein Rücken ist gekrümmt, und ich kann seine Wirbelsäule sehen, die kleinen Höcker unter seiner Haut.

Der Bambus kracht auf Knochen, und in meinem Kopf zersplittert die Szene in eine Million weiße Stücke.

Meine Mutter hebt mich vom Boden auf, zieht mich den Flur entlang in mein Zimmer, ins Bett. Alles ist nass, die Laken, meine Hände, ihr Körper, mein Gesicht, und sie besänftigt mich mit Worten, die ich nicht verstehe, weil ich nur Geschrei höre. Sie reibt mir mit ihren kühlen Händen die Stirn. »Hör auf«, sagt sie. »Bitte hör auf«, aber ich fühle mich wie losgelöst, verstört, als ob alles auf der mir bekannten Welt genau hier ein Ende hätte.

Am nächsten Morgen wache ich von dem Geräusch von Öl in der Pfanne und dem Geruch nach in Ei gewendetem Toast auf. Ich höre, wie meine Mutter herumhantiert, Geschirr in die Schränke stellt.

Niemand sagt etwas, als mein Bruder zum Frühstück nicht herunterkommt. Mein Vater häuft Toast und Sirup auf einen Teller, und meine Mutter gießt Milch in ein Glas. Sie trägt alles hinauf ins Zimmer meines Bruders.

Wie immer folge ich meinem Vater durch die Küche. Ich vollziehe seine Schritte nach, trotte ihm hinterher und verstecke mich im Schatten seines Körpers. Ab und zu greift er zu mir herunter und zaust mir die Haare. Wir erzeugen damit einen Bann, glaube ich. Wie wir so im Kreis herumgehen, wie er kocht, ohne nachzudenken, weil dies eine Aufgabe ist, die er mühelos erledigt. Er lächelt auf mich herab, doch dadurch bricht er irgendwie den Bann. Mein Vater steht da und lässt die Hände sinken, als hätte er mitten in der Bewegung vergessen, was er tun wollte. Von den Wänden blättert die Farbe ab, und kleine Schmutzpartikel von dem seit Tagen nicht gefegten Boden bleiben an unseren Füßen kleben.

Ich glaube, die Hartnäckigkeit meiner ungetrübten Liebe verwirrt ihn. Er weiß, dass es mir mit jedem Tag, der verstreicht, schwerer fallen wird, zu ignorieren, was ich nicht begreifen kann, dass ich irgendwann nicht mehr imstande sein werde, den einen Teil von ihm von den anderen zu trennen. Die Vorbehaltlosigkeit meiner Liebe zu ihm wird nicht ewig andauern, ebenso wenig wie bei meinem Bruder. Unsicher steht mein Vater mitten in der Küche. Schließlich kommt meine Mutter wieder herunter, legt ihre Arme um ihn und hält ihn fest, flüstert ihm etwas zu, Worte, die für mich bedeutungslos und unverständlich sind. Aber sie bietet sie ihm dar, Ton für Ton, in einer Sprache, die einem anderen Ort entwendet wurde, bis er den Kopf senkt und sich daran erinnert, wo er ist.

Später lehne ich mich oben an den Türrahmen und lausche dem Klang einer Metallgabel, die über Porzellan schabt. Meine Mutter ist schon da; ihre Stimme wird abwechselnd lauter und leiser. Sie fährt mit der Gabel über den Teller und hält meinem Bruder Bissen von in Ei gewendetem Toast an den Mund.

Ich gehe über den kratzigen Teppich zum Bett, bis ich das hölzerne Bettgestell mit den Händen berühren kann. Dort sitzt meine Mutter, und ich trete zu ihr und greife nach den Knöpfen auf ihrer Manschette und zwirble sie, so dass sie das Licht einfangen.

»Isst du?«, frage ich meinen Bruder.

Er fängt an zu weinen. Ich schaue ihn an; sein Gesicht ist halb in den Decken vergraben.

»Versuch, was zu essen«, sagt meine Mutter leise.

Er weint nur noch heftiger, jedoch lautlos. Das Muster des Sonnenlichts auf seiner Decke bewegt sich mit seinem Körper. Sein Haar ist schweißverklebt, und er wendet den Kopf hin und her wie ein alter Mann.

Irgendwann wird mir bewusst, dass mein Vater in der Tür steht, aber ich kann mich nicht zu ihm umdrehen. Ich will bleiben, wo ich bin, und die Wand anstarren. Ich habe Angst davor, dass ich, wenn ich mich umwende und zu ihm gehe, zu seiner Komplizin werde, einen Teil seiner Schuld mittrage, wie klein er auch sei. Ich weiß nicht, wie ich verhindern soll, dass das noch einmal geschieht, obwohl ich jetzt weiß, dass es uns letztendlich auseinanderreißen wird. Diese Gewalttätigkeit wird all meine Liebe in Scham und Kummer verwandeln. Und so stehe ich einfach da und sehe weder ihn an noch meinen Bruder. Sogar mein Vater, der Zauberer, der aus nichts etwas Wunderschönes machen kann, steht nur da und schaut.

Ein Gesicht verändert sich mit der Zeit, es wird deutlicher. Im Gesicht meines Vaters habe ich alles kommen und gehen sehen. Wut, die es alles Erkennbaren beraubt hat, so dass es nur noch aus Knochen und Haut besteht. Und zu anderen Gelegenheiten so viel Schmerz, dass es schier unerträglich, sein Gesicht so voller Gram ist, dass es sich regelrecht auflösen könnte. Wie soll ich alles, was ich von ihm weiß, miteinander in Einklang bringen und ihn trotzdem lieben? Lange Zeit hielt ich das nicht für möglich. Als Kind habe ich meinen Vater nicht deshalb geliebt, weil er kompliziert, weil er menschlich war, weil auch er mich brauchte. Ein Kind weiß noch nicht, wie man jemanden auf diese Weise liebt.

Dabei müsste es doch ganz einfach sein. Warmes, überlaufendes Wasser, das Gefühl der Körner zwischen meinen Händen, das Geräusch wie von Steinen, die über ein Pflaster kullern. Immer wieder hat mein Vater den Reis gespült, ihn mit seinen Fingern gesiebt, Ausschau gehalten nach Verunreinigungen und sie herausgezupft. Ein winziger Fleck, kaum sichtbar, der auf seiner Fingerspitze saß.

Wenn es eine Zuflucht gäbe, würde ich sie aufsuchen. Eine Tasse voller Reiskörner in die offene Hand schütten, darüber hinstreichen, die Unvollkommenheiten finden, sie Stück für Stück entfernen. Um dann mit dem, was übrig bleibt, zufrieden zu sein.

Irgendwo in meiner Erinnerung stirbt ein Fisch in der Spüle langsam vor sich hin. Mein Vater und ich schauen zu, während das Wasser abläuft.

ANNE REINECKE
Gulasch

Ich nehme den größten Topf, den ich habe. Butterschmalz zerlassen und das Fleisch darin portionsweise anbraten. Gulasch, weil ich nicht weiß, was ich sonst machen soll, und weil ich glaube, dass du so schon verstehen wirst. Denn du kennst mich ja. Und du kennst ja meine Gulaschgeschichten. Familiengeschichten. Familienrezept aus zwei Stammbäumen. Mütterlicherseits, großmütterlicherseits, ungarisch: Sieben rote Paprikaschoten. Waschen, putzen, in Streifen schneiden. Die väterliche Tradition verlangt Rindfleisch und viel Rotwein. Daran halte ich mich. Das ist mein Lieblingsgeschmack, weißt du? Du weißt das. Mein Vater hat immer nach Rotwein gerochen, wenn man nah rangegangen ist, hab ich dir das erzählt? Und dass ich das mochte, diesen Geruch, hab ich das erzählt? Ja, hab ich, und wie er mit dem Fahrrad gegen eine Wand gefahren ist, weil er betrunken war, und alle haben geguckt. Und ich habe zurückgeguckt in diese Dorfrunde und meine bösen schwarzen Rabenbrauen hochgezogen, bis sie alle weggegangen sind, da war ich elf oder zwölf. Als du elf oder zwölf warst, hat dein Vater auch schon immer so gerochen, hast du gesagt, aber du mochtest das nicht.

Zwiebeln schälen und in dünne Ringe schneiden. Ein Kilo Zwiebeln, genug um zu weinen. Grund genug, Schwester. »Wir wollen uns nicht verlassen.« – »Solange wir leben, nicht.« Kennst du das? Nein, deine Mutter hat dir keine Märchen vorgelesen, als du klein warst: zu viel Feuer und Gift. Aber dein Vater hat sich Geschichten für dich ausgedacht, und deine Augen leuchten immer noch davon. Ich hätte dich gern schon damals gekannt.

Ich kenne dich, seit wir gerade erwachsen waren. Ich mochte dich sofort, das war nicht schwer, jeder mochte dich, ich und alle anderen, wir kannten ja Grimms Märchen. Und du warst eine Märchenprinzessin: so schön, sittsam, freundlich und verständig, dass sie jedermann, der sie ansah, liebhaben musste. Mich zu mögen, war schwerer. Trotzdem sagtest du irgendwann: »Du bist jetzt meine Schwester.« Und ich fand es richtig, dass du es warst, die das entschied. Du hattest mich ausgesucht, und ich war froh drum. Ich hatte keine Geschwister. Ich hätte dich gern schon als Kind gehabt. Ich hätte mich an dich lehnen können. Du kamst mir so heil vor, viel heiler als ich. Dass das ein Irrtum sein könnte, kein Gedanke daran.

Ich weiß auch nicht, warum ich geglaubt habe, wir würden einander nie wehtun. Eigentlich wusste ich das doch besser. Besser als du hätte ich das wissen müssen. Weißt du noch, wie du diesen einen Film nicht mochtest? Ich war traurig, weil ich mich erkannte in der schönen Schauspielerin, die dir so ähnlich sah. Aber du sagtest, das sei alles so fern, was hätte denn dieser ganze Wahnsinn, diese Zermürbung mit uns zu tun? Ja, das weißt du noch, daran habe ich dich erinnert, später, und du hast genickt und gesagt, ja, und jetzt sei es trotzdem ganz genau so. Da saßen wir im Auto, du bist gefahren, draußen bewegte sich deine

Heimatstadt. Und ich habe dich verstanden, und du hast mich verstanden.

Weißt du, dieser kurze Zeitraum, bevor es kippt, wenn wir beide das schon sehen können? (»Trink nicht, sonst wirst du ein Wolf und frissest mich.« – »Ich will warten, bis wir zur nächsten Quelle kommen, aber dann muss ich trinken, du magst sagen, was du willst; mein Durst ist gar so groß.«) Ich weiß dann schon, wie du mir fehlen wirst. Ich will dann etwas sagen, das alles anhält. Zauberformeln. »Töpfchen, steh!« Oder: »Valproat!« Aber es hilft ja nichts, aus meinem Mund: Der Raum wird sich gleich krümmen oder die Hornhaut.

Im Krankenhaus habe ich Angst gehabt, dass du mich wegschickst oder anschreist oder was weiß ich. Ich habe die Tür zu deinem Zimmer geöffnet. Jemand hat auf dem Bett gelegen, mit dem Rücken zu mir. Und ich habe nicht erkannt, dass du das warst. Dann hast du dich umgedreht. Der erste Blick nach fünf Wochen. Und ich habe nicht erkannt, dass du das warst. Du hast ausgesehen wie ein großer, blasser Junge. Aber du hast mich erkannt, und ich habe deine Stimme erkannt: »Hey«, hast du gesagt, »Süße.« Ganz leise. Und froh warst du, das habe ich gesehen, und das hat mich beruhigt. »Es kann sein, dass ich gleich wieder einschlafe«, hast du gesagt.

Ich habe mich zu dir gesetzt, und wir haben uns an den Händen gehalten. Und dann habe ich auf dem Wochenplan angekreuzt, was du gerne isst. Das wusste ich, das hat mich beruhigt. Beruhigt hat mich außerdem: Dein Kopfkissen für dich aus deiner Wohnung holen. Unterwäsche, Shampoo, Deodorant, Kamm, Bücher. Einen Pullover für dich aussuchen, weil ich wusste, welchen du am liebsten hast.

Tomaten überbrühen, häuten, würfeln. Brühe, Lorbeer, Thymian, Salz, Pfeffer, Paprika. Ich schneide noch eine Orange mit rein. Das ist jetzt keine mütterliche oder väterliche Blutlinie, das ist neu, von mir für dich, Schwesterchen, weil Orangen gut sind und weil du das verstehen wirst. Einmal hat mir ein Mann, mit dem ich geschlafen hatte, am Morgen Orangen ausgepresst, ohne dass ich darum gebeten hätte und obwohl er fertigen Orangensaft im Kühlschrank hatte, das hatte ich genau gesehen, eine ganze Flasche. Sich selbst hat er keinen Saft gepresst, das war nur für mich. Das hab ich dir noch nicht erzählt, oder? Oder doch? Weißt du: Ich hätte heulen können damals vor Glück über diesen Saft. Grund genug.

Das Gulasch vier Stunden schmoren lassen, bis das Fleisch weich ist. Mindestens vier Stunden. Man soll die Zeit schmecken. Das ist das Wichtigste bei diesem Gericht. Weißt du noch: Dies und das. Wie du weggegangen bist, mit eingezogenem Nacken, und ich habe dir nachgesehen und wusste nicht, was tun, und dann habe ich es nicht ausgehalten und dich angerufen: Als müsstest du mich trösten, weil es dir schlecht ging, und du hast milde geklungen und gesagt: »Ja. Das ist jetzt eben so.« Wie wir auf dem See herum gerudert sind, weil es nichts zu sagen gab. Rudern. Schwimmen. Telefonieren. Möbel auf- und abbauen, Kisten hin- und hertragen. Essen. Fernsehen. Weinen. Spazieren gehen. Im Gras liegen. Reden. Kaffee. Dein Tisch. Mein Tisch. Deine Hand halten. Lachen. An einer Straßenecke stehen und auf dich warten und dich schon im Augenwinkel an irgendetwas erkennen. Dein Blick, wie er fremd wird und dann wieder nah kommt und dann wieder fremd wird. Meine Sorge um dich. Meine Angst um dich. Meine Wut auf dich. Deine Wut auf mich. Meine Sehnsucht nach dir.

Ab und zu Rotwein nachgießen. Und umrühren. Ansonsten: Warten. Man soll die Zeit schmecken. Das ist das Wichtigste. An meinem Küchenschrank hängt eine Postkarte von dir, du hast sie nicht unterschrieben. Du hast gewusst, dass ich deine Schrift erkenne.

Essen ist gut

Meine erste Ahnung, dass Essen etwas anderes sein kann als eine Substanz, die man sich bei Hunger reinstopft – wie Tanken an einer Tankstelle –, kam nach der vierten Klasse Grundschule. Es passierte auf einer Ferienreise der Familie nach Europa, auf der *Queen Mary*, im Speisesaal zweiter Klasse. Irgendwo gibt es ein Foto: Meine Mutter mit ihrer Jackie-O-Sonnenbrille, mein jüngerer Bruder und ich in unseren krampfhaft niedlichen Kreuzfahrt-Outfits, alle ganz aufgeregt über unsere erste Fahrt nach Übersee, unsere erste Reise in die Heimat der Ahnen meines Vaters, Frankreich.

Es war die Suppe.

Sie war kalt.

Für einen neugierigen Viertklässler, dessen gesamte Suppenerfahrung sich bis dato auf Campbell's Tomatencreme und Nudelsuppe mit Huhn beschränkte, war das eine ungeheure Entdeckung. Ich hatte schon in Restaurants gegessen, klar, aber das war das erste Essen, das ich wirklich registrierte. Es war das erste Essen, das ich genoss und, noch wichtiger, dessen Genuss mir im Gedächtnis blieb. Ich fragte unseren geduldigen englischen Kellner, was das denn für eine köstliche, kühle, leckere Flüssigkeit wäre.

»V'ichyssoise« war die Antwort, ein Wort, das bis zum

heutigen Tag einen magischen Klang hat – obwohl das inzwischen ein müder alter Gaul von Menügericht ist, das ich ein paar tausend Mal zubereitet habe. Ich kann mich an jede Einzelheit dieses Erlebnisses erinnern: wie der Kellner sie aus einer silbernen Terrine in meinen Teller schöpfte, an das Knirschen des Schnittlauchs, den er als Garnitur darüber löffelte, den üppigen, cremigen Geschmack von Lauch und Kartoffeln, den lustvollen Schock, die Überraschung, dass sie kalt war.

Sehr viel mehr ist mir von dieser Überquerung des Atlantiks nicht im Gedächtnis geblieben. Ich sah *Boeing Boeing* mit Jerry Lewis und Tony Curtis im Kino der *Queen* und einen Bardot-Streifen. Der alte Dampfer wackelte und stöhnte und vibrierte den ganzen Weg fürchterlich – Muschelbefall am Kiel lautete die offizielle Erklärung –, und von New York bis Cherbourg hatten wir das Gefühl, auf einem riesigen Rasenmäher zu reiten. Mein Bruder und ich langweilten uns schon bald und verbrachten den Großteil unserer Zeit in der »Teen Lounge«, hörten »The House of the Rising Sun« aus der Jukebox oder beobachteten, wie das Wasser wie eine kontrollierte Tsunami im Salzwasserpool auf dem Unterdeck herumschwappte.

Aber diese kalte Suppe ließ mich nicht los. Ihr Echo blieb, machte mir meine Zunge bewusst, und irgendwie bereitete sie mich auf zukünftige Ereignisse vor.

Mein zweites Schlüsselerlebnis auf meiner langen Kletterpartie zum Chefkoch passierte ebenfalls während dieser ersten Frankreichreise. Nach unserer Landung blieben meine Mutter, mein Bruder und ich bei Verwandten in der kleinen Küstenstadt Cherbourg in einem tristen, kalten Urlaubsgebiet in der Normandie. Der Himmel war fast immer bewölkt, das Wasser unwirtlich kalt. Alle Kinder aus der Nachbarschaft dachten, ich würde Steve McQueen und John Wayne persönlich kennen. Da ich Amerikaner war, glaubten sie, wir wären alle Kumpel, würden zusammen auf der Prärie rumhängen, Pferde reiten und Missetäter niederknallen – also genoss ich umgehend eine gewisse Berühmtheit. Die Strände taugten zwar nicht zum Schwimmen, waren aber übersät von alten Nazi-Bunkern und Kanonenunterständen, von denen viele noch sichtbare Einschüsse und Spuren von Flammenwerfern aufwiesen. Und unter den Dünen gab es Tunnels – alles sehr coole Forschungsgebiete für ein Kind. Meine kleinen französischen Freunde durften, zu meiner Überraschung, sonntags eine Zigarette rauchen, bekamen bei Tisch gewässerten *vin ordinaire*, und, das Allerbeste, sie besaßen Velo-Solex-Motorräder. Das war die richtige Methode, Kinder zu erziehen, dachte ich mir, traurig, weil meine Mutter diese Meinung nicht teilte.

Während meiner ersten Wochen in Frankreich erforschte ich also unterirdische Gänge, suchte nach toten Nazis, spielte Minigolf, rauchte heimlich, las einen Haufen Tintin- und Asterix-Comichefte, tuckerte auf den Motorrädern meiner Freunde herum und absorbierte durch Beobachtung kleine Lektionen fürs Leben. So brachte beispielsweise ein Freund der Familie, Monsieur Dupont, zu manchen Mahlzeiten seine Mätresse mit, zu anderen dagegen seine Frau, und seine zahlreiche Kinderbrut ließ dieser Wechsel ziemlich kalt.

Das Essen beeindruckte mich im Großen und Ganzen nicht.

Die Butter schmeckte für meinen unentwickelten Gaumen »käsig«. Die Milch, ein Standard-, nein, ein Pflichtritual im amerikanischen Kinderleben der 6oer Jahre, war hier nicht trinkbar. Mittagessen bestand eigentlich immer aus *sandwich jambon* oder *croque-monsieur*. Jahrhunderte französischer Kochkunst mussten erst noch Eindruck bei mir machen. Was mir am französischen Essen auffiel, war, was sie *nicht* hatten.

Nach einigen Wochen dieses Programms nahmen wir den Nachtzug nach Paris, wo wir unseren Vater vorfanden und einen schnittigen neuen Rover Sedan Mark III, unseren Reisewagen. In Paris wohnten wir im Hôtel Lutétia, damals ein großer, leicht schäbiger alter Kasten am Boulevard Raspail. Die Menüauswahl für meinen Bruder und mich wurde etwas erweitert auf *steak frites* und *steak haché*. Wir machten alles, was Touristen so machen: Kletterten auf den Eiffelturm, picknickten im Bois de Boulogne, marschierten im Louvre an den großen Werken vorbei, schoben Spielzeugsegelboote im Brunnen des Jardin de Luxembourg herum – alles kein wirklicher Spaß für einen Neunjährigen mit einem sich bereits entwickelnden Hang zum Kriminellen. Mein Hauptinteresse zu dieser Zeit war die Erweiterung meiner Sammlung englischer Übersetzungen von Tintin-Abenteuern. Hergés flott gezeichnete Geschichten über Drogenschmuggel, antike Tempel und fremde, ferne Orte und Kulturen waren für mich echte Exotica. Ich zwang meine armen Eltern, mir bei W. H. Smith, der englischen Buchhandlung, für hunderte von Dollars diese Geschichten zu kaufen, nur damit ich aufhörte, über die Entbehrungen Frankreichs zu jammern. Mit meinen kleinen Minishorts ein ständiger Affront, wurde ich zügig zu einem verdrießlichen, launischen, schwierigen Balg. Ich stritt mich ständig mit meinem Bruder, mäkelte an allem und jedem herum, machte mich kurzum zum Klotz am Bein der glorreichen Expedition meiner Mutter.

Meine Eltern gaben ihr Bestes. Sie schleppten uns überallhin mit, von Restaurant zu Restaurant, und wanden sich zweifellos jedes Mal vor Scham, wenn wir auf *steak haché* (mit Ketchup natürlich) und einer Cola bestanden. Schweigend ertrugen sie mein ständiges Genörgel über käsige Butter, meine anscheinend nicht enden wollende Freude an der Reklame für einen populären Softdrink der damaligen Zeit: Pschitt. »Ich will Shit! Ich will Shit!« Sie schafften es, meine Augenverdreherei und mein Herumgehampel zu ignorieren, wenn sie Französisch sprachen, und sie versuchten mich anzuregen, etwas zu finden, irgendetwas, das mir Freude machen würde.

Und dann kam die Zeit, in der sie schließlich die Kinder nicht mehr mitnahmen.

Ich kann mich gut daran erinnern, weil es so ein Schlag ins Gesicht war. Es war ein Weckruf dafür, dass Essen wichtig sein konnte, eine Herausforderung für meine angeborene Kampfeslust. Mir wurde etwas verweigert, und schon öffnete sich eine Tür.

Der Name der Stadt war Vienne. Wir waren weit gefahren, um hierher zu kommen. Meinem Bruder und mir waren gerade wieder die Tintins ausgegangen, und wir waren stinkend mies drauf. Die französische Landschaft mit ihren anmutigen baumgesäumten Straßen, Hecken, bestellten Feldern und Bilderbuchdörfern bot wenig Kurzweil. Meine

Eltern hatten inzwischen Wochen gnadenloser Quengelei und viele Mahlzeiten in gespannter und stetig unangenehmer werdender Atmosphäre erduldet. Sie hatten pflichtschuldigst unsere *steak haché, crudités variées, Sandwich jambon* und Ähnliches bis zum Erbrechen bestellt. Sie hatten unser Genöle ertragen, von wegen die Betten wären zu hart, die Kissen zu weich, die Nackenrollen, die Toiletten und die Installationen zu seltsam. Sie hatten uns sogar ein bisschen gewässerten Wein erlaubt, weil man das in Frankreich offenbar machte – aber auch, damit wir die Klappe hielten. Sie hatten meinen Bruder und mich, die beiden hässlichsten Amerikaner, überallhin mitgenommen.

In Vienne war das anders.

Sie stellten den blitzenden neuen Rover auf dem Parkplatz eines Restaurants ab, das recht viel versprechend La Pyramide hieß, reichten uns einen offensichtlich gebunkerten Stapel Tintins ... *und ließen uns dann im Auto!*

Es war ein harter Schlag. Kleiner Bruder und ich wurden über drei Stunden im Auto gelassen, eine Ewigkeit für zwei arme Kinder, die ohnehin schon halb irre vor Langeweile waren. Ich hatte reichlich Zeit, mich zu fragen: *Was kann es denn so Tolles hinter diesen Mauern geben?* Sie aßen dort. Das wusste ich. Und es war ganz sicher eine Riesensache. Selbst mit meinen hirnlosen neun Jahren konnte ich die nervöse Vorfreude, die Aufregung, ja fast so etwas wie Ehrfurcht erkennen, mit der meine geplagten Eltern sich dieser Stunde genähert hatten. Und ich hatte den *Vichyssoise*-Vorfall noch ganz frisch im Gedächtnis. Essen konnte, wie es schien, wichtig sein. Es konnte ein Ereignis sein. Es barg Geheimnisse.

Heute weiß ich natürlich, dass La Pyramide auch schon im Jahr 1966 das Zentrum des kulinarischen Universums war. Bocuse, Troisgros, alle hatten sie dort ihre Zeit absolviert, hatten ihre Knochen der legendär Furcht erregenden Knute des Eigentümers Ferdinand Point ausgeliefert. Point war der Großmeister der Kochkunst der damaligen Zeit, und La Pyramide war das Mekka für Essens-Junkies. Für meine ernsthaft frankophilen Eltern war das eine Pilgerfahrt. Und irgendwie drang das auf dem Rücksitz des glühend heißen, geparkten Wagens bis in meinen winzigen, leeren Schädel durch, sogar damals schon.

Die Dinge änderten sich. *Ich* änderte mich.

Zuallererst war ich stinksauer. Die Bosheit, immer schon eine große, treibende Kraft in meinem Leben, veranlasste mich, mit einem Mal abenteuerlustig zu werden, wenn es um Essen ging. Ich beschloss in diesem Augenblick, meine Essens-Junkie-Eltern zu übertrumpfen. Gleichzeitig könnte ich meinen noch nicht eingeweihten Bruder das Ekeln lehren. Ich würde es ihnen zeigen, wer hier der Gourmet ist!

Hirn? Stinkende, verlaufende Käse, die rochen wie Leichenfüße? Pferdefleisch? Bries? Her damit!! Was immer den größten Schockwert hatte, wurde zum Gericht meiner Wahl. Den Rest dieses Sommers und in allen Sommern, die folgten, aß ich *alles*. Ich löffelte klebrigen Vacherin, lernte die käsige, üppige normannische Butter lieben, besonders wenn man sie auf Baguette schmierte und in heiße, bittere Schokolade tauchte. Ich trank heimlich Rotwein, wann immer es mir möglich war, versuchte *fritures* – winzige ganze Fische, gebraten und mit *persillade* serviert – und fand es wunderbar, Köpfe zu verspeisen, Augen, Knochen, alles. Ich aß Rochen in *beurre noisette, saucisson à l'ail, rognons de veau* (Nieren) und *boudin noir* (Blutwurst), die mir Blut übers Kinn spritzte.

Und ich aß meine erste Auster.

Also das war wirklich ein bedeutendes Ereignis. Ich erinnere mich daran genauso gut wie an den Verlust meiner Unschuld – und in vieler Hinsicht mit mehr Freude.

Den August dieses ersten Sommers verbrachten wir in La Teste sur Mer, einem winzigen Austerndorf am Bassin d'Arcachon in der Gironde. Wir wohnten bei meiner Tante Jeanne und meinem Onkel Gustav in dem mit roten Ziegeln gedeckten, weiß verputzten Haus, in dem mein Vater als Junge die Sommerferien verbracht hatte. Tante Jeanne war eine schäbig angezogene, bebrillte, etwas streng riechende alte Frau, Onkel Gustav ein Opa im Overall mit Baskenmütze, der handgerollte Zigaretten rauchte, bis sie auf seiner Zungenspitze verschwanden. In La Teste hatte sich nur wenig verändert in all diesen Jahren. Die Nachbarn waren immer noch alle Austernfischer. Ihre Familien züchteten immer noch Hasen und bauten hinter dem Haus Tomaten an. Die Häuser hatten zwei Küchen, eine drinnen und eine »Fischküche« draußen. Es gab eine Handpumpe für Trinkwasser aus dem Brunnen und ein Plumpsklo ganz hinten im Garten. Überall waren Eidechsen und Schnecken. Die größten Touristenattraktionen waren die nahe gelegene Düne von Pyla (Europas größte Sanddüne!) und die Urlaubsstadt Arcachon, ebenfalls nicht weit entfernt, wo die Franzosen alle vereint zu *Les Grandes Vacances* einfielen. Fernsehen war ein großes Ereignis. Um sieben Uhr, wenn die beiden nationalen Stationen auf Sendung gingen, trat mein Onkel Gustav mit ernster Miene und einem an die Hüfte geketteten Schlüssel aus seinem Zimmer und sperrte feierlich die Schranktüren auf, die den Bildschirm verdeckten.

Hier waren mein Bruder und ich glücklicher. Hier konnten wir mehr unternehmen. Die Strände waren warm, das Klima ähnelte dem, das wir von zu Hause kannten, und dazu kam die zusätzliche Attraktion von allgegenwärtigen Nazi-Bunkern. Es gab Eidechsen, die es zu jagen und auszulöschen galt mit leicht zu beschaffenden *pétards,* Knallfröschen, die man legal (!) im Laden kaufen konnte. Da gab es einen Wald, der zu Fuß erreichbar war und in dem ein echter Einsiedler lebte. Mein Bruder und ich verbrachten viele Stunden dort und spionierten ihm aus dem Unterholz nach. Mittlerweile konnte ich französische Comics lesen und genießen, und natürlich aß ich – ich aß *richtig.* Trübbraune *soupe de poisson,* Tomatensalat, *moules marinières, poulet basquaise* (wir waren nur ein paar Kilometer vom Baskenland entfernt). Wir machten Tagesausflüge nach Cap Ferret, einem wilden, menschenleeren und atemberaubend schönen Atlantikstrand mit großen, wogenden Wellen, und wir hatten Baguettes, *saucissons* und Käse, Wein und Evian mit dabei (zu Hause kannte man damals Wasser in Flaschen überhaupt noch nicht). Etwas weiter westlich lag der Lac Cazeaux, ein Süßwassersee, wo mein Bruder und ich *pédalo*-Boote mieten und im Tiefen herumstrampeln konnten. Wir aßen *gaufres,* köstliche heiße Waffeln mit Schlagsahne und Puderzucker. Die zwei heißesten Songs dieses Sommers in der Jukebox von Cazeaux waren »Whiter Shade of Pale« von Procol Harum und »These Boots Are Made for Walkin'« von Nancy Sinatra. Immer und immer wieder spielten die Franzosen diese beiden Songs, untermalt vom Knallen, wenn französische Luftwaffenjets auf ihrem Weg zu einem nahe gelegenen Truppenübungsplatz über den See rasten und dabei die Schallmauer durchbrachen. Bei so viel Rock and Roll, gutem Essen und frei verfügbarem Sprengstoff war ich einigermaßen glücklich.

Und so kam es, dass ich begeistert war, als Monsieur Saint-Jour, der Austernfischer, meine Familie auf seine *pinasse* (Austernboot) einlud.

Um sechs Uhr morgens gingen wir mit unseren Picknickkörben und unseren vernünftigen Schuhen an Bord von Monsieur Saint-Jours kleinem Holzschiff. Er war ein recht herber alter Kerl, der, wie mein Onkel, einen uralten Jeansoverall, Espadrilles und Baskenmütze trug. Er hatte ein ledriges, gebräuntes, vom Wind gegerbtes Gesicht, hohle Wangen und die winzigen, geplatzten Äderchen auf Nase und Backen, die hier anscheinend jeder hatte – von zu vielen Gläsern des hiesigen Bordeaux. Er hatte seine Gäste nicht wirklich umfassend auf das vorbereitet, was zu diesen täglichen Arbeiten gehörte. Wir tuckerten hinaus zu einer Boje, die seinen Unterwasser-Austern-*parc* markierte, und wir saßen ... und saßen ... und saßen in der brüllenden Augustsonne und warteten auf Ebbe. Es ging darum, das Boot über die Palisadenzaunwände treiben zu lassen und dann sitzen zu bleiben, bis sich das Boot mit dem Wasserpegel senken und schließlich auf dem Grund des *bassin* landen würde. An diesem Punkt dann würde Monsieur Saint-Jour, und wohl auch seine Gäste, die Austern zusammenrechen, ein paar gute Exemplare zum Verkauf im Hafen einsammeln und eventuelle Parasiten entfernen, die seine Ernte gefährden könnten.

Es waren, wie ich mich erinnere, noch etwa sechzig Zentimeter Wasserstand, ehe sich der Kiel des Bootes auf Grund legen würde und wir im *parc* herumgehen könnten. Wir hatten bereits den Brie und die Baguettes niedergemacht und das Evian ausgetrunken, aber ich hatte immer noch Hunger und sagte das typischerweise auch.

Als Monsieur Saint-Jour das hörte, fragte er – und es klang wie eine Herausforderung – in seinem breiten Girondais-Akzent, ob einer von uns vielleicht eine Auster probieren wolle.

Meine Eltern zögerten. Ich glaube nicht, dass ihnen klar war, dass sie tatsächlich eines dieser rohen schleimigen Dinger, über die wir gerade trieben, *essen* sollten. Mein kleiner Bruder machte einen entsetzten Satz rückwärts.

Doch ich, im stolzesten Augenblick meines jungen Lebens, erhob mich, grinste voller Trotz und bot mich freiwillig an, als Erster zu probieren.

Und in diesem unvergesslich süßen Augenblick meiner ganz persönlichen Geschichte, diesem einen Moment, der für mich noch lebendiger ist als so viele andere erste Male – erste Muschi, erster Joint, erster Tag in der High School, erstes erschienenes Buch oder sonst etwas –, betrat ich die Ruhmeshalle.

Monsieur Saint-Jour winkte mich rüber zur Reling, dann beugte er sich hinab, bis sein Kopf fast im Wasser verschwand, und tauchte wieder auf mit einer schlammverkrusteten Auster, riesig und unregelmäßig geformt, in seiner groben, klauenähnlichen Faust. Mit einem stumpigen, rostüberzogenen Austernmesser machte er das Ding auf und reichte es mir. Alle schauten wie gebannt, und mein kleiner Bruder wich zurück vor diesem glänzenden Objekt, das vage sexuell aussah, das triefte und fast lebte.

Ich nahm es in die Hand. Kippte die Muschel in meinen Mund, wie von dem inzwischen strahlenden Monsieur Saint-Jour angewiesen, und schlang das Zeug mit einem Bissen und in einem Schlürfer hinunter. Es schmeckte nach Seewasser … nach Salz und Fleisch … und irgendwie … nach Zukunft.

Alles hatte sich geändert. Alles.

Ich hatte nicht nur überlebt – ich hatte genossen.

Das war, wie mir schlagartig klar wurde, der Zauber, der mir bisher nur schwach und verschwommen bewusst gewesen war. Ich hing am Haken. Das Erschaudern meiner Eltern, das hemmungslos angewiderte und erstaunte Gesicht meines Bruders bestärkten nur noch das Gefühl, dass ich, irgendwie, zum Mann geworden war. Ich hatte ein Abenteuer erlebt, verbotene Frucht gekostet, und alles, was dann in meinem Leben folgte – das Essen, die lange und oft selbstzerstörerische Jagd nach etwas Neuem, ob es dabei um Drogen oder Sex oder sonst etwas Aufregendes ging –, das alles sollte seine Wurzeln in diesem Augenblick haben.

Ich hatte etwas gelernt. Mit dem Bauch, instinktiv, spirituell – ein Hauch davon war sogar sexuell –, und es gab kein Zurück. Der Geist war der Flasche entflohen. Mein Leben als Koch, als Chefkoch, hatte begonnen.

Essen hatte Macht.

Es konnte inspirieren, erstaunen, schockieren, erregen, entzücken und beeindrucken. Es hatte die Macht, mich zu erfreuen ... und andere auch. Das war eine wichtige Erkenntnis.

In diesem Sommer, wie auch in späteren Sommern, schlich ich mich oft zu den kleinen Ständen am Hafen, wo man braune Papiertüten voller ungewaschener, schwarz überzogener Austern dutzendweise kaufen konnte. Nach einigen Lektionen meines neuen Seelenfreundes, Blutsbruders und allerbesten Kumpels, Monsieur Sint-Jour – der inzwischen auch seine Schalen mit gezuckertem *vin ordinaire* nach der Arbeit mit mir teilte –, konnte ich die Austern locker selber öffnen, von hinten mit dem Messer angreifen und das Gelenk knacken, als wäre es Aladins Höhle.

Und so saß ich denn im Garten unter den Tomaten und Eidechsen, aß meine Austern und trank meine Kronenbourgs (Frankreich war ein wunderbares Land für minderjährige Trinker), las fröhlich *Modesty Blaise* und die *Katzenjammer Kids* und die wunderbaren, wie richtige Bücher gebundenen *bandes dessinées* auf Französisch, bis mir die Bilder vor den Augen verschwammen, und rauchte gelegentlich eine stibitzte Gitane. Noch heute verbindet sich für mich der Geschmack von Austern mit diesen wunderbaren, heimlichen, spätnachmittäglichen Räuschlein. Der Geruch französischer Zigaretten, der Geschmack von Bier, dieses unvergessliche Gefühl, etwas zu tun, was ich eigentlich nicht tun sollte.

Ich hatte natürlich noch keine Pläne, professionell zu kochen. Aber ich blicke oft auf mein Leben zurück, suche nach dieser Gabelung auf meinem Weg, versuche herauszufinden, wann genau und wo es passiert ist, dass ich mich in einen den Adrenalinkick suchenden, lusthungrigen Sinnlichkeits-Junkie verwandelt habe, der ständig schockieren, amüsieren, entsetzen und manipulieren will, der versucht, diesen blinden Fleck in seiner Seele mit etwas Neuem zu überdecken.

Mir gefällt der Gedanke, dass Monsieur Saint-Jour daran schuld war. Aber natürlich war ich es immer nur selbst.

Nachweis

Der Verlag dankt folgenden Rechteinhabern für die Genehmigung zum Abdruck:

GmbH, Hamburg. Aus dem Englischen von Hans-Heinrich Wellmann.

Dörrie, Doris (*1955, Hannover)
ORYOKI. Exklusivbeitrag für diese Anthologie. Copyright © 2021 by Doris Dörrie.

Evers, Horst (*1967, Diepholz)
Die Chicorée-Salami. Aus: ders., *Wäre ich du, würde ich mich lieben.* Copyright © 2020, Rowohlt · Berlin Verlag GmbH, Berlin.

Fisher, MFK (1908, Albion – 1992, Glen Ellen)
Das perfekte Dinner. Aus: dies., *Die Kunst des Essens. Anleitung zum Genuss.* Copyright © 1949, 1954 by M.F.K. Fisher. Copyright der deutschen Übersetzung © 2019 ebersbach & simon, Berlin. Aus dem Amerikanischen von Brigitte Ebersbach.

Franck, Julia (*1970, Berlin)
Schmeckt es euch nicht? Aus: dies., *Bauchlandung. Geschichten zum Anfassen.* Copyright © Julia Franck 2000. Alle Rechte vorbehalten S. Fischer Verlag GmbH, Frankfurt am Main.

Maugham, W. Somerset (1874, Paris – 1965, Nizza)
Der Lunch. Aus: ders., *Der Rest der Welt. Gesammelte Erzählungen in zwei Bänden.* Band II. Copyright © The Royal Literary Fund. Mit freundlicher Genehmigung von United Agents LLP. Copyright der deutschsprachigen Ausgabe © 2005, Diogenes Verlag AG Zürich. Aus dem Englischen von Friedrich Torberg.

Montgomery, Sy (*1958, Frankfurt am Main)
Der Schweinepalast. Aus: dies., *Das herzensgute Schwein.* Copyright © 2006 by Sy Montgomery. Copyright der deutschsprachigen Ausgabe © 2020, Diogenes Verlag AG Zürich. Aus dem Amerikanischen von Melusine Stern.

Bitte beachten Sie
auch die folgenden Seiten

Doris Dörrie
im Diogenes Verlag

Lesen, schreiben, atmen

Schreiben heißt für Doris Dörrie, das eigene Leben bewusst wahrzunehmen. Wirklich zu sehen, was vor unseren Augen liegt. Oder wiederzufinden, was wir verloren oder vergessen haben. Es ist Trost, Selbstvergewisserung, Anklage, Feier des Lebens. Doris Dörrie denkt in diesem einzigartigen Buch über das autobiographische Schreiben nach, gibt Tipps und kreative Anleitungen. Und sie legt gleich selbst los und erzählt hinreißend ehrlich von ihrem eigenen Leben.

»So anrührend, tief, wahr und bewegend, dass es all jene rührt, die nicht vorhaben, zum Stift zu greifen.«
Dierk Wolters / Frankfurter Neue Presse

Auch als Diogenes Hörbuch erschienen,
gelesen von Doris Dörrie

Einladung zum Schreiben
Ein Schreibjournal nach dem Bestseller
Lesen, schreiben, atmen

Dieses Buch ist eine persönliche Einladung an jeden von uns, selbst zum Stift zu greifen und über das eigene Leben nachzudenken. In *Leben, schreiben, atmen* erzählt Doris Dörrie von der Kraft des autobiographischen Schreibens und hat damit unzählige Leserinnen und Leser begeistert. Nun ermutigt sie uns, mit diesem Schreibjournal voller Inspirationen und Tipps in die eigene Geschichte einzutauchen und die Widersprüchlichkeit des Lebens zu umarmen.

»Schreibend Klarheit über sein Leben zu gewinnen: Nichts weniger als das hat Doris Dörrie in ihrer motivierenden Schreibschule im Angebot.«
Denis Scheck / Der Tagesspiegel, Berlin

Die Welt auf dem Teller
Inspirationen aus der Küche
Mit Illustrationen von Zenji Funabashi

Knusprige Brotkrusten, Eier von glücklichen Hühnern, familiäres Miteinander bei spanischer Paella, Innehalten bei grünem Tee mit japanischen Reisbällchen und Kindheitserinnerungen an Melonen-Momente – wenn Doris Dörrie über das Essen schreibt, liest sich das, als umarme sie die Welt. Essen und Kochen sind für sie Inbegriff von Lebensfreude und Genuss, Grund zur Dankbarkeit und Eigenverantwortung und ein Weg zum besseren Verständnis unserer selbst und der Welt, die uns umgibt.

»Ihre *Inspirationen aus der Küche* sind eine leidenschaftliche Verführung zu bewusstem Genuss.«
Katja Kraft / Münchner Merkur

Sy Montgomery
im Diogenes Verlag

Rendezvous mit einem Oktopus
Aus dem Amerikanischen von Heide Sommer

Er kann gleichzeitig 1600 Küsse verteilen, mit der
Haut schmecken, seine Farbe 177-mal in der Stunde
ändern und sich trotz seiner 45 Kilo durch eine ap-
felsinengroße Öffnung zwängen. Sy Montgomery
erzählt von einem wahren Wunderwesen der Meere:
dem Oktopus. In ihrem preisgekrönten Buch lässt sie
uns ein Wesen entdecken, von dessen erfindungsrei-
cher Schläue und Empfindsamkeit wir nichts ahnten.
»Phantastische Tiere. Phantastisches Buch«, so Don-
na Leon.

»Eine wahrhaftige, poetische Liebesgeschichte.
Brigitte, Hamburg

Einfach Mensch sein
Von Tieren lernen

Aus dem Amerikanischen von Heide Sommer

Emu, Baumkänguru, Spinne, Hund und Hermelin:
Sie alle haben die Naturforscherin Sy Montgomery
mehr über das Leben gelehrt als mancher Artgenos-
se. Leidenschaft für die Natur hat ihr Herz groß gemacht und ihr Leben reich. Dieses Buch ist eine wahre
Schatztruhe von ebenso atemberaubenden wie beglü-
ckenden Begegnungen. Sy Montgomery öffnet uns
die Augen für die Geheimnisse des Lebens.

»Montgomerys große Offenheit für das ganz andere
Lebewesen ist faszinierend.«
Kathrin Meier-Rust / NZZ am Sonntag, Zürich

Das herzensgute Schwein

Aus dem Amerikanischen von Melusine Stern

Als eine Freundin ihr ein kleines Schweinchen in einem Schuhkarton überreicht, ahnt Sy Montgomery nicht, dass der neue Mitbewohner auf ihrer Farm in Kürze mehrere Zentner auf die Waage bringen sollte. Doch Chris wird zum Liebling des ganzen Orts: Alle füttern ihn um die Wette und lassen sich anstecken von seiner kugelrunden Zufriedenheit mit sich und dem Leben.

»Montgomery erzählt geradlinig, nüchtern, unsentimental, mit feinem Humor.«
Sylvia Staude / Frankfurter Rundschau, Frankfurt

Banana Yoshimoto
im Diogenes Verlag

»Eine Romanautorin als Jugendidol – bei uns unvorstellbar. In Japan jedoch hat Banana Yoshimoto genau das geschafft.« *Petra, Hamburg*

»Banana Yoshimoto schreibt wunderbar subtile, wundersam verstörende Bücher, in denen Japans Jugend endlich eine Stimme bekommt.« *Stern, Hamburg*

Kitchen
Aus dem Japanischen von Wolfgang E. Schlecht. Mit einem Essay von Giorgio Amitrano

N. P.
Roman. Deutsch von Annelie Ortmanns-Suzuki

Tsugumi
Roman. Deutsch von Annelie Ortmanns

Dornröschenschlaf
Drei Erzählungen von der Nacht. Deutsch von Annelie Ortmanns, Gisela Ogasa und Anita Brockmann

Amrita
Roman. Deutsch von Annelie Ortmanns

Sly
Roman. Deutsch von Anita Brockmann

Hard-boiled. Hard Luck
Zwei Erzählungen. Deutsch von Annelie Ortmanns

Eidechse
Erzählungen. Deutsch von Anita Brockmann und Annelie Ortmanns

Federkleid
Roman. Deutsch von Thomas Eggenberg

Mein Körper weiß alles
Dreizehn Geschichten. Deutsch von Annelie Ortmanns und Thomas Eggenberg

Ihre Nacht
Roman. Deutsch von Thomas Eggenberg

Der See
Roman. Deutsch von Thomas Eggenberg

Moshi Moshi
Roman. Deutsch von Matthias Pfeifer

Lebensgeister
Deutsch von Thomas Eggenberg

Erinnerungen aus der Sackgasse
Fünf Erzählungen. Deutsch von Annelie Ortmanns

Hansjörg Schneider
im Diogenes Verlag

Hansjörg Schneider, geboren 1938 in Aarau, arbeitete nach dem Studium der Germanistik und einer Dissertation unter anderem als Lehrer und Journalist. Seine *Hunkeler*-Krimis führen regelmäßig die Schweizer Bestsellerliste an und sind mit Mathias Gnädinger in der Hauptrolle verfilmt worden. 2005 wurde er mit dem Friedrich-Glauser-Preis ausgezeichnet. Er lebt als freier Schriftsteller in Basel und im Schwarzwald.

Das Wasserzeichen
Roman

Nachtbuch für Astrid
Von der Liebe, vom Sterben, vom Tod und von der Trauer darüber, den geliebten Menschen verloren zu haben

Nilpferde unter dem Haus
Erinnerungen, Träume

Lieber Leo
Roman

Kind der Aare
Autobiographie

Im Café und auf der Straße
Geschichten. Mit einem Nachwort von Beatrice von Matt

Die *Hunkeler*-Romane:

Silberkiesel
Hunkelers erster Fall. Roman

Flattermann
Hunkelers zweiter Fall. Roman

Das Paar im Kahn
Hunkelers dritter Fall. Roman

Tod einer Ärztin
Hunkelers vierter Fall. Roman

Hunkeler macht Sachen
Der fünfte Fall. Roman

*Hunkeler und
der Fall Livius*
Der sechste Fall. Roman

*Hunkeler und die
goldene Hand*
Der siebte Fall. Roman

*Hunkeler und die
Augen des Ödipus*
Der achte Fall. Roman

Hunkelers Geheimnis
Der neunte Fall. Roman

Hunkeler in der Wildnis
Der zehnte Fall. Roman

Anton Čechov
im Diogenes Verlag

Anton Čechov wurde 1860 in Taganrog (Südrussland) geboren, wuchs in ärmlichen Verhältnissen auf und studierte dank eines Stipendiums in Moskau Medizin. Den Arztberuf übte Čechov nur kurze Zeit aus. Der Erfolg seiner Theaterstücke und Erzählungen machte ihn finanziell unabhängig. Seine Lungentuberkulose jedoch erzwang immer häufigere Aufenthalte in südlichem Klima, so dass Čechov auf die Krim übersiedelte. Er starb 1904 in Badenweiler.

»Wir verdanken Peter Urban einen deutschen Čechov, wie er schöner nicht sein könnte: sprachlich makellos, akribisch annotiert und von einer Vollständigkeit, die weder vom Pléiade- noch vom Oxford-Čechov erreicht wird.«
Manfred Papst / NZZ am Sonntag, Zürich

»Für mich bleibt Čechov unerreicht: Er schrieb Komödien der Verzweiflung über das Leiden und die Sehnsüchte der Menschen. Und weil man davon gleichzeitig amüsiert ist und zerrissen wird, wirkt seine Kunst so eindringlich.« *Woody Allen*

In hochwertiger Leinenausstattung, übersetzt und herausgegeben von Peter Urban:

Er und sie
Frühe Erzählungen 1880–1885

Ende gut
Frühe Erzählungen 1886–1887

**Späte Erzählungen
in 2 Bänden**
Rothschilds Geige
Erzählungen 1893–1896

*Die Dame mit
dem Hündchen*
Erzählungen 1897–1903

**Gesammelte Stücke
in 1 Band**

**Briefe (1877–1904)
in 5 Bänden**

Čechov-Chronik
Daten zu Leben und Werk
Zusammengestellt von Peter Urban